Arbeitstexte für den Unterricht

Begriffsanalyse

EINE EINFÜHRUNG
VON JOHN WILSON

ÜBERSETZT UND HERAUSGEGEBEN
VON KARIN GUTH

PHILIPP RECLAM JUN. STUTTGART

Titel der englischen Originalausgabe:
Thinking with Concepts

Universal-Bibliothek Nr. 9580 [2]

Die Übersetzung erscheint mit Genehmigung von Cambrigde University Press, Cambridge, England.

Gesamtherstellung: Reclam, Ditzingen. Printed in Germany 1983
ISBN 3-15-009580-8

Inhalt

Vorbemerkung des Übersetzers

Bei der Übertragung dieses Buches aus dem Englischen hat der Übersetzer unwillkürlich selbst mit dem Thema des Buches zu tun. Der Versuch, das Wort »concept« ins Deutsche zu übersetzen, erfordert nämlich eine Analyse der Wortbedeutung. Dabei wird deutlich, daß das deutsche Wort »Begriff« aufgrund seiner Mehrdeutigkeit nicht genau dem englischen »concept« entspricht. Mit dem Wort »Begriff« verbinden wir mindestens zwei unterschiedliche Bedeutungsbereiche. Zum einen meinen wir mit »Begriff« den mehr oder weniger komplexen Bedeutungsinhalt eines bestimmten Wortes, wie zum Beispiel »Freiheit«, »Gerechtigkeit«, »Treue« usw., aber auch »Haus«, »Tisch« oder »Mensch«, zum anderen gebrauchen wir das Wort »Begriff« im Sinne von Vorstellung oder Idee. Das wird etwa deutlich, wenn man sagt: »Du machst dir keinen Begriff davon, was ich erlebt habe« oder: »Er hat nicht den richtigen Begriff von der Sache«. Im vorliegenden Text spielen oft beide Bedeutungen eine Rolle. Nur dann, wenn aus dem Zusammenhang hervorging, daß mit dem englischen Wort »concept« ausschließlich der zweite Bedeutungsbereich gemeint war, wurde es mit »Vorstellung« oder an einer Stelle auch mit »Auffassung« übersetzt.

Der Leser kann sich leicht einen Zugang zum Thema verschaffen, wenn er darüber nachdenkt, welche Bedeutung er mit dem Titel des Buches, d. h. mit dem Wort »Begriff« bzw. »Begriffsanalyse« verbunden hat, als er von ihm hörte oder es in die Hand nahm. Während des Lesens sollte er sich dann die oben erwähnten Bedeutungen vergegenwärtigen und überlegen, ob nur eine im jeweiligen Zusammenhang vorrangig ist oder ob für das richtige Verständnis des Textes beide gleichermaßen zu berücksichtigen sind.

Im englischsprachigen Raum spielt die Begriffsanalyse im Rahmen des philosophischen Denkens eine große Rolle.

Nicht zuletzt deswegen fand das vorliegende Buch dort große Verbreitung. Die Begriffsanalyse als philosophische Methode gewinnt zunehmend auch hier an Bedeutung und ist ein Beispiel dafür, daß philosophisches Denken dem besseren Verständnis von Fragen und Problemen unseres Alltags dienen kann. Der vorliegende Band soll den Leser in die Lage versetzen, sich mit dieser philosophischen Methode vertraut zu machen.

In der Übersetzung wurden die vom Autor gebrauchten Beispiele sowie die zur eigenen Analyse vorgeschlagenen Textausschnitte des Originals überwiegend durch solche ersetzt, die dem deutschen Leser vertrauter und leichter zugänglich sind. Diese Änderungen wurden nach Absprache mit John Wilson vorgenommen.

Besonderer Dank gebührt Frau Regula Lohse für ihre aktive Unterstützung bei der Übersetzung.

Karin Guth

I. Die Technik der Analyse

A. Was ist Begriffsanalyse?

Dieses Buch ist dazu bestimmt, dem Leser gewisse Fertigkeiten und Techniken zu vermitteln. Ein entscheidender Schritt ist bereits getan, wenn erst einmal klar ist, um welche Art von Fertigkeiten und Techniken es sich genau handelt und wozu sie dienen. Deshalb müssen wir uns zunächst ausführlich mit dieser Frage befassen.

Quadratische Gleichungen zu lösen, sich mit lateinischer Prosa zu beschäftigen oder vom Englischen ins Deutsche zu übersetzen sind sicher nicht leicht zu beherrschende Fertigkeiten, wir haben dabei aber wenigstens den Vorteil zu wissen, was eigentlich von uns erwartet wird, selbst wenn wir sie nicht immer besonders gut beherrschen. Diese, wie viele andere Fertigkeiten ähnlicher Art, werden traditionellerweise unterschiedlich bezeichnet. Sie sind das, was man in der Schule »Fächer« nennt, zum Beispiel Mathematik, Latein, Englisch usw. Falls in diesen Fächern eine Frage auftaucht, können wir die richtige Antwort oft in einem Wörterbuch, einer Grammatik oder in einem anerkannten Lehrbuch nachschlagen. Bei den Fertigkeiten aber, um die es in diesem Buch geht, ist nichts dergleichen möglich. Das liegt zum Teil daran, daß es sich um neue Techniken handelt, deren Bedeutung uns erst in den letzten zwanzig oder dreißig Jahren bewußt geworden ist. Hauptsächlich liegt es jedoch in der Natur dieser Techniken selbst und an der Aufgabe, die sie erfüllen.

Was ist nun das Besondere dieser Techniken? Sie unterscheiden sich auf jeden Fall von »Fächern« wie zum Beispiel Latein oder Mathematik, denn diese verfügen über eindeutig und klar definierte Regeln, nach denen die Richtigkeit bestimmter Antworten unstrittig entschieden werden kann. Schon eher sind sie mit den besonderen Fertigkeiten vergleichbar, die man braucht, um ein guter Schwimmer oder ein guter Fußballspieler zu sein. Am ehesten aber ähneln sie solchen Fähigkeiten, die sich auf vielfache Weise einsetzen lassen. Eine solche Fähigkeit meinen wir zum Beispiel, wenn wir von einem »guten Seemann« sprechen, oder davon, daß jemand ein »gutes Auge« hat oder »sich gut ausdrücken kann«. Solche allgemeinen Fähigkeiten sind in vielerlei Hinsicht nützlich. Ein guter Seemann zu sein ist nicht nur von Nutzen, wenn man ein Segelboot steuern will, sondern auch dann, wenn man mit einem Rettungsboot umgehen muß, wenn Menschen aus Seenot zu retten sind. Ein gutes Auge ist in jedem Ballspiel von Vorteil, und die Fähigkeit, sich sprachlich gut mitteilen zu können, ist wichtig, um Aufsätze, Briefe oder Berichte zu schreiben, wie auch, um unsere Gefühle und Bedürfnisse anderen mitzuteilen. Obwohl also diese Fähigkeiten auf ganz verschiedene Weise zum Ausdruck kommen können, handelt es sich dennoch immer um dieselben Grundfähigkeiten. Sehen wir uns ein weiteres Beispiel an. Wir alle verbringen viel Zeit mit anderen Menschen in den verschiedensten Situationen – in der Familie, in der Schule, in Vereinen, am Arbeitsplatz, im Urlaub –, trotzdem sprechen wir darüber hinaus von der besonderen Fähigkeit, mit anderen Menschen gut auszukommen. Auch wenn dies eine Fähigkeit ist, die man erlernen kann, wird deutlich, daß es etwas anderes ist, eine solche Fähigkeit auszubilden, als etwa Latein oder Mathematik zu lernen.

Wir können das Besondere dieser Techniken sehr leicht erfassen, wenn wir uns Fragen ansehen, die sich mit ihrer Hilfe beantworten lassen. Betrachten wir zunächst die folgenden zwei Fragen:

(1) Ist ein Wal in der Lage, ein 15 000 t-Schiff zu versenken?
(2) Ist ein Wal ein Fisch?

Die erste können wir als eine Frage nach Tatsachen bezeichnen. Um sie beantworten zu können, müssen wir lediglich die relevanten Fakten herausfinden. Dies kann entweder aufgrund eigener Erfahrung geschehen oder indem man zuverlässige Information von anderen einholt. Möglicherweise müssen wir auch die verschiedenen Fakten zueinander in Beziehung setzen und eine Lösung des Problems erarbeiten. Die Frage ließe sich dann beantworten, ohne daß wir tatsächlich gesehen haben müssen, wie ein Wal ein Schiff versenkt, und ohne uns auf die Aussage eines anderen zu berufen. Wir benötigten nur die Angaben über das Gewicht und die Geschwindigkeit von Walen, über die Dicke des Schiffsrumpfes usw. Aber selbst in einem solchen Fall würden wir immer noch im Bereich von Tatsachen bleiben. D. h., um die Frage zu beantworten, brauchen wir nur ein bestimmtes Wissen über die Welt und über das, was in der Welt vorkommt.

Ganz anders steht es dagegen mit der zweiten Frage. Auch wenn wir alle relevanten Tatsachen über Wale und Fische kennen würden, wären wir immer noch unsicher, wie wir die Frage beantworten sollten. Wenn wir zum Beispiel wüßten, daß Wale ihre Jungen säugen wie Säugetiere, daß sie schwimmen wie Fische, und noch vieles andere mehr, wären wir immer noch unentschieden, ob so ein Wesen zu den Fischen zählt oder nicht. Wir müßten uns immer noch fragen: »Gehört der Wal (so wie er ist) in die Kategorie ›Fisch‹ oder nicht?«

Es ist wichtig zu erkennen, daß diese Frage ganz anderer Art ist als die, ob ein Wal ein Schiff versenken kann oder nicht, und die Techniken, mit denen wir uns in diesem Buch befassen, sind entwickelt worden, um diese besondere Art von Fragen beantworten zu können. Ich werde solche Fragen ganz allgemein *Begriffsfragen* nennen. So bezeichnet in unserem Beispiel das Wort »Fisch« nicht nur alle im Meer herumschwimmenden Fische, sondern verkörpert zugleich auch eine Vorstellung von dem, was ein Fisch ist, d. h. von dem, was das Wort in unserer Sprache bezeichnet. Am besten können wir uns dies klarmachen, wenn wir uns unterschiedliche Formulierungen der Frage ansehen. Wir könnten etwa fragen: »Fällt ein Wal unter den Begriff ›Fisch‹, wie wir ihn normalerweise verwenden?« oder »Schließt der Begriff ›Fisch‹ normalerweise so etwas wie Wale ein« oder »Wenn wir von ›Fischen‹ sprechen, beziehen wir uns dann auch auf Wale?« Es mag überflüssig und spitzfindig erscheinen, die Frage auf diese unterschiedlichen Weisen neu zu formulieren, aber erst dadurch wird uns klar, daß es sich um eine Frage nach der *Wortbedeutung* handelt. Wir wollen nämlich herausfinden, was wir normalerweise mit dem Wort »Fisch« meinen, wie man feststellt, ob etwas ein Fisch ist oder nicht, was als Fisch gilt.

An dieser Frage läßt sich noch etwas aufzeigen, was merkwürdig erscheinen könnte. Zwar hängt die Antwort davon ab, was »Fisch« bedeutet, es ist aber ein Fehler anzunehmen, daß es nur *eine* richtige Bedeutung gibt. Ist jemand zum Beispiel ein Biologe oder ein Fischexperte, so wird er wahrscheinlich sagen, daß ein Wal kein Fisch ist oder zumindest kein »richtiger« Fisch. Denn Biologen ordnen Säugetiere in eine andere Klasse ein als Fische. Wale, die zur Klasse der Säugetiere gehören, zählen demnach nicht zu den Fischen: Der Begriff »Fisch« schließt Säugetiere aus. Ist jemand aber im Fischereiwesen tätig (das sich mit Walen wie mit allem möglichen anderen befaßt, das im Meer herumschwimmt), wird er sich wahrscheinlich nicht besonders um die biologische Einordnung kümmern. Er wird seine eigene Klassifikation haben, die Wale in den Begriff »Fisch« einschließt. Der Laie, der nicht gerade zufällig in der Biologie besonders bewandert ist, wird den Wal ebenso zu den Fischen zählen. Ob jemand einen Wal also als Fisch bezeichnet oder nicht, hängt allein davon ab, von welchem Gesichtspunkt aus er ihn betrachtet. Der Gesichtspunkt eines Biologen zum Beispiel führt zu keiner angemesseneren Antwort als der eines Fischereifachmannes, denn keine Betrachtungsweise ist besser oder schlechter. Die eine eignet sich lediglich besser für diesen, die andere besser für jenen Zweck.

Wir können dies noch deutlicher erfassen und der Sache

noch näher kommen, wenn wir uns ein anderes Paar von Beispielen vornehmen.

Betrachten wir die folgenden Fragen:

(1) Kann ein Hausboot den Atlantik überqueren?

(2) Ist ein Hausboot ein Haus oder ein Boot?

Wieder stellen wir fest, daß die erste eine reine Tatsachenfrage ist, die zweite dagegen eine weitaus komplexere Begriffsfrage. Um die erste beantworten zu können, benötigen wir entweder eigene oder fremde Erfahrung und Beobachtung. Wollen wir die zweite Frage beantworten, müssen wir uns mit den Begriffen »Haus« und »Boot« befassen und überlegen, in welche Kategorie ein Hausboot gehört. Wieder werden wir dann feststellen, daß es nicht nur eine richtige Antwort gibt, die unter allen Umständen zutrifft. Für die Wasserschutzpolizei wird ein Hausboot zu den Wasserfahrzeugen zählen und damit als Boot gelten. In einer Statistik über die Anzahl von Wohneinheiten im Vergleich zu Mietwohnungen wird ein Hausboot dagegen als Haus zählen. Es ist daher falsch, wenn man sagt, »eigentlich« ist es ein Haus oder »eigentlich« ist es ein Boot. Weiß man erst einmal, was ein Hausboot tatsächlich ist, d. h., hat man es in seinen typischen Einzelheiten beschrieben, dann hängt es von den jeweiligen Umständen ab, ob man es ein Haus oder ein Boot nennt.

Die Entscheidung darüber, was wir unter dem Begriff verstehen, kann allerdings mehr oder weniger vernünftig sein. Angenommen, es herrschte äußerste Wohnraumknappheit und wir suchten dringend ein Haus oder eine Wohnung, so würden wir uns über einen Makler ärgern, der uns nicht auf die vielen leerstehenden Hausboote aufmerksam machte und sich noch damit entschuldigte, daß Hausboote keine Häuser, sondern Boote seien. Ein derartig eingeschränktes Begriffsverständnis machte uns nicht nur ärgerlich, sondern berechtigte uns, einen solchen Makler für unfähig und sogar für dumm zu halten. Wörter sind nämlich dazu da, menschlichen Aufgaben und Wünschen zu dienen. Sie müssen deshalb so gebraucht werden, daß sie diesen Zweck erfüllen. Der Makler ist deshalb dumm, weil er den allgemeinen Zusammenhang und Zweck unserer Nachfrage nicht begriffen hat. Es ging uns nämlich allein um irgendeine Wohnstätte. Unter solchen Umständen sollten eben Hausboote als Häuser zählen.

Dies ist ein sehr einfaches Beispiel, das die Art der Begriffsfragen in ihren Grundzügen aufzeigt. Es mag aber noch nicht ausreichend sein, um deutlich zu machen, daß solche Fragen von großer praktischer Bedeutung sind. Makler sind selten so dumm wie in unserem Beispiel. Aber angenommen, wir stellten eine andere Begriffsfrage, nämlich: »Ist Psychologie eine Wissenschaft?« Wir würden zunächst die Tatsachen über Psychologie herausfinden und dann vielleicht feststellen, daß die Psychologie in bestimmter Hinsicht eine Wissenschaft wie Physik und Chemie ist, einige typische Merkmale allerdings ganz anderer Art sind, so daß es also bei uns liegt, ob wir die Psychologie als eine Wissenschaft bezeichnen oder nicht. Es mag so scheinen, als hätte dies keine praktischen Auswirkungen. Stellen wir uns aber einmal vor, wir müßten die Frage vor einem Gremium entscheiden, in dessen Macht es stünde, große Geldbeträge für Forschungsaufgaben zu vergeben. Das Gremium könnte uns auffordern: »Sagen Sie, ist Psychologie nun wirklich eine Wissenschaft, oder ist sie eher etwas wie Astrologie, Wahrsagerei oder Hexerei?« Wir hätten uns dann zu entscheiden, ob wir die Psychologie in die Kategorie »Wissenschaft« oder in die Kategorie »Astrologie und Hexerei« einordnen wollen. Wie immer unsere Entscheidung ausfallen mag, sie hätte nachhaltige Folgen für die Zukunft dieses Fachgebietes. Ob wir die Psychologie als eine Wissenschaft bezeichnen oder nicht oder ob wir vielleicht eine dritte Kategorie finden und sagen: »Sie ist im Prinzip eine Wissenschaft« oder: »Sie ist eine Disziplin, die über die Möglichkeit einer Wissenschaft verfügt«, es wäre in jedem Fall äußerst wichtig, sich über die Begriffe völlig im klaren zu sein. Wir könnten überhaupt keine vernünftige Entscheidung treffen, bevor wir nicht analysiert und verstanden hätten, was mit »Wissenschaft« und »der Möglichkeit einer Wissenschaft« gemeint ist. Dies zu klären, ist selbstverständlich schwieriger, als sich mit den Begriffen »Haus« und »Boot« auseinanderzusetzen.

Bevor wir zu den komplexeren Begriffsfragen übergehen, auf die unsere Techniken Anwendung finden sollen, müssen wir versuchen, noch genauer darzustellen, was wir eigentlich tun, wenn wir einen Begriff analysieren. Wir wissen bereits, daß es nicht darum geht, Tatsachen zu erforschen. Es ist auch wichtig, sich bewußt zu sein, daß wir uns nicht mit Werten und moralischen Urteilen befassen über das, was richtig oder falsch, gut oder schlecht ist. Nehmen wir einmal diese drei Fragen:

(1) Ist es wahrscheinlich, daß der Kommunismus sich über die ganze Welt ausbreiten wird?

(2) Ist der Kommunismus eine wünschenswerte Regierungsform?

(3) Ist der Kommunismus mit der Demokratie vereinbar?

Die erste ist eine Frage nach den Tatsachen. Es ist zwar möglich, daß wir keine nachweislich richtige Antwort geben können – weil die Frage nämlich erfordert, etwas über die Zukunft auszusagen –, dennoch ist die einzig relevante Grundlage für unsere Antwort in den Tatsachen über den Kommunismus und die Welt zu suchen. Die Antwort mag letztlich anzweifelbar sein, aber sie ist es nicht, weil wir am *Wert* des Kommunismus oder am *Begriff* Kommunismus zweifeln, sondern sie ist es deswegen, weil wir nicht genau wissen, wie sich die Tatsachen entwickeln – oder vielleicht einfach, weil wir mehr Tatsachenkenntnisse benötigen. Die zweite Frage verlangt dagegen von uns, den Kommunismus zu bewerten, denn wir werden gefragt, ob er gut oder schlecht, klug oder unklug, richtig oder falsch, politisch wünschenswert ist oder nicht. Es handelt sich also um eine Wertfrage. Die dritte ist nun aber eine Begriffsfrage. Wir müssen darüber nachdenken, ob die Begriffe »Kommunismus« und »Demokratie« miteinander vereinbar sind oder nicht. Wie immer mag die Antwort letztlich Ansichtssache sein, denn wahrscheinlich sind sie teilweise vereinbar und teilweise nicht. Aber wäre die Antwort von vornherein klar, so erübrigte sich auch die Frage. So ist etwa die Frage »Ist Tyrannei mit Demokratie vereinbar?« einfach unsinnig, weil wir alle wissen, daß sich diese Begriffe gegenseitig ausschließen.

Wenn uns also Tatsachen und Werte nicht interessieren, womit befassen wir uns dann eigentlich, wenn wir Begriffe analysieren? In gewisser Weise stimmt es, daß wir uns »nur mit Wörtern beschäftigen«, mit Wörtern wie »Boot«, »Wissenschaft«, »Demokratie« usw. Diese Aussage ist nun allerdings irreführend, weil angenommen werden könnte, wir täten etwas, das bedeutungslos ist oder mindestens keine praktische Bedeutung hat. Im Fall des Maklers und des Gremiums für die Vergabe von Forschungsstipendien haben wir gesehen, daß die Art und Weise, wie wir unseren Begriff inhaltlich füllen (oder wie wir unsere Wörter verwenden, wenn man so will), von nicht unwesentlicher Bedeutung ist. Hätte jemand als Geschworener darüber zu entscheiden, ob ein Angeklagter schuldig oder nicht schuldig ist, könnte er sagen, es käme allein darauf an, was man unter »schuldig« verstehe, weil es eben nur eine Frage von Wörtern und Definitionen sei. Das wäre aber irreführend.

Wir sagten schon, daß Begriffsfragen etwas mit Bedeutung zu tun haben, und obwohl dies richtig ist, ist es noch keine ausreichende Bestimmung. Es wäre doch etwas seltsam, wenn wir sagten, die Frage »Ist ein Hausboot ein Boot?« beziehe sich auf die Bedeutung des Wortes »Boot«, denn wir wissen doch ganz genau, was das Wort »Boot« bedeutet. Es ist kein besonders ungewöhnliches oder ausgefallenes Wort wie etwa »asymptotisch« oder »polymorph«. Falls wir die englische oder französische Sprache beherrschen, können wir es ohne Schwierigkeiten übersetzen. Dies gilt ebenso für Wörter wie »Wissenschaft«, »Kommunismus«, »Demokratie« usw. Im allgemeinen wissen wir sehr wohl, was diese Wörter bedeuten, und falls wir es nicht wüßten, könnten wir einfach im Wörterbuch nachschlagen. Sehen wir uns ein weiteres Beispiel an: Angenommen jemand sagt: »Das ist ein gutes Buch«, und wir fragen dann: »Was meinst du mit einem *guten* Buch?« Dies ist eine durchaus vernünftige Frage; es ist zugleich eine Begriffsfrage, denn wir wollen wissen, was er für »ein gutes Buch« hält. (Es ist, als wenn jemand sagte: »Der Kommunismus ist völlig demokratisch«, und wir würden dann fragen: »Was meinst du mit ›demokratisch‹?«) Allerdings wäre es dennoch falsch anzunehmen, wir fragten nach der Bedeutung des Wortes »gut«. »Gut« ist uns ein sehr vertrautes Wort, das wir täglich richtig anwenden. Grob bedeutet es etwa, etwas ist »empfehlenswert« oder »lobenswert« oder »wünschenswert«. Wir wissen das bereits, und dennoch fragen wir: »Was meinst du mit einem *guten* Buch?«

Am besten ist es, wenn wir sagen, daß Begriffsfragen nicht auf *die* Bedeutung eines Wortes gerichtet sind. Wörter haben nicht nur *eine* Bedeutung. In gewisser Weise haben sie überhaupt keine Bedeutung für sich, sondern diese ergibt sich aus der Wortverwendung. Es ist deshalb angemessener, wenn wir sagen, daß wir uns hier mit dem tatsächlichen und möglichen Gebrauch von Wörtern befassen. Daher ist es in unserem Zusammenhang sinnlos, in einem Wörterbuch nachzuschlagen; es würde uns nicht weiterbringen. Wenn wir fragen: »Was meinst du mit einem *guten* Buch?«, dann müßte unsere Frage eigentlich lauten: »Was ist für dich ein gutes Buch?« oder: »Was sind deine Kriterien für ein gutes Buch?« Manchmal gehen wir so vor, als käme es allein darauf an, die »wirkliche« Bedeutung eines Wortes wie »Demokratie«, »Boot« oder »Wissenschaft« herauszufinden, um damit dann schon die richtige Antwort auf unsere Frage zu erhalten. Leider ist es aber nicht so einfach, und wenn wir einen Augenblick nachdenken, merken wir, daß Wörter wie »Demokratie« und »Wissenschaft«, ja selbst Wörter wie »Boot« keine »richtigen Bedeutungen« haben. Sie lassen sich lediglich in unterschiedlicher Weise gebrauchen. Unsere Aufgabe besteht darin, die mit ihnen verbundenen Begriffe zu analysieren und diesen Wortgebrauch zu erfassen. Ebensowenig dürfen wir in den Fehler verfallen anzunehmen, daß die Beantwortung von Begriffsfragen eine Sache der Definition sei und daß wir zunächst »Wissenschaft«, »Demokratie« usw. zu definieren hätten. Denn der Sinn solcher Fragen liegt ja darin, daß die Definitionen solcher Wörter nicht eindeutig sind bzw. daß sie sich gar nicht definieren lassen, sondern daß allein nach ihrer Verwendung gefragt werden muß. Natürlich gibt es einige Wörter, die klar definiert werden können, etwa in der Geometrie oder Mechanik. Wörter wie »Dreieck«, »Gerade«, »Punkt« und »Kraft«, »Masse« und »Arbeit« lassen sich eindeutig definieren. Wenn wir in einer Prüfung über Mechanik gefragt werden: »Was ist Arbeit?«, wissen wir, daß von uns eine Lehrbuchdefinition erwartet wird. Das ist aber deshalb so, weil die Mechanik eine hochentwickelte und recht genaue Wissenschaft ist und weil der Prüfer unsere Kenntnisse über diese Wissenschaft prüft und nicht unsere Fähigkeit, Begriffe zu analysieren. Wenn wir dagegen in einem schriftlichen Examen ganz allgemein gefragt würden: »Was ist Arbeit«, so gingen wir ganz anders an die Frage heran. Wir dürften uns dann nicht auf die Verwendung dieses Begriffs in der Mechanik beschränken, sondern müßten zunächst überlegen, welche Anwendung er in der Umgangssprache findet. In der Umgangssprache gibt es keine eindeutige Definition von »Arbeit«. Wir hätten deshalb auf die verschiedenen Wortverwendungen zu achten, auf die verschiedenen Bedeutungen in unterschiedlichen Zusammenhängen usw. Wir müßten den Begriff analysieren.

Wir haben einige Zeit damit verbracht festzustellen, womit Begriffsfragen sich *nicht* befassen. Das ist nun allerdings wichtig, denn wir sind ständig geneigt, solche Fragen anders zu verstehen, als sie gemeint sind. Das liegt einerseits daran, weil der Ausdruck »Begriffsfragen« und die Techniken, mit ihnen umzugehen, ziemlich neu sind, und andererseits kommt es daher, weil es viel praktischer Übung bedarf, um die besondere Natur solcher Fragen sicher zu erfassen. Begriffsfragen sind weder Tatsachenfragen noch Wertfragen, noch sind es Fragen, die sich auf *die* Bedeutung oder *die* Definition von Wörtern beziehen. Was aber sind sie? Nach allem, was wir bisher gesagt haben, betreffen sie den Gebrauch von Wörtern und die Kriterien und Prinzipien, die ihre Verwendungsmöglichkeiten bestimmen. Dies klingt nun alles noch recht unscharf, und wir müssen versuchen, genauer zu werden. Betrachten wir eine weitere Gruppe von Fragen:

(1) Kann man in einem kommunistischen Land frei wählen?
(2) Ist die Freiheit zu wählen etwas Gutes?
(3) Sind unsere Handlungen überhaupt jemals frei?

Und noch eine andere Gruppe:

(1) Hielten die Griechen es für richtig, Frauen den Männern gegenüber zu benachteiligen?
(2) Meinen Sie, daß es richtig ist, Frauen zu benachteiligen?
(3) Kann man jemals mit Sicherheit sagen, was richtig ist?

Obwohl dieselben Wörter in jeder Gruppe vorkommen – das Wort »frei« in allen Fragen der ersten Gruppe und das Wort »richtig« in allen Fragen der zweiten Gruppe –, wissen wir inzwischen, daß die jeweils erste Frage eine Tatsachenfrage ist, die zweite eine Wertfrage und die dritte eine Begriffsfrage. In bezug auf die erste und zweite Frage jeder Gruppe ist allerdings vorausgesetzt, daß wir genau wissen, was »frei« und »richtig« bedeutet, was in gewisser Weise ja auch der Fall ist. Bei diesen beiden Fragen wird davon ausgegangen, daß weder ein *logisches* Problem noch eines der *Bedeutung oder Wortverwendung* auftaucht. Bei der dritten Frage haben wir es dagegen mit genau diesen Problemen zu tun.

Wir könnten diese logischen Probleme leicht übersehen, wenn wir ihnen hier nicht unsere besondere Aufmerksamkeit zukommen ließen. An der *Form* der Frage kann man nicht erkennen, daß es sich um eine Begriffsfrage handelt. Die grammatikalische Form der Frage »Sind unsere Handlungen überhaupt jemals frei?« gleicht der von »Sind wir mit unseren Handlungen in der Lage, die Welt zu zerstören?«, einer Tatsachenfrage, deren Beantwortung Kenntnisse über Kernspaltung, Atombomben usw. erforderte. Ebenso sieht die Frage »Kann man jemals mit Sicherheit sagen, was richtig ist?« genauso aus wie die Frage »Kann man jemals mit Sicherheit sagen, wie das Wetter morgen wird?«, bei der es sich um ein Problem aus der Meteorologie handelt und nicht um eine Begriffsfrage. Es bleibt also festzuhalten, daß die äußere Form der Frage täuschen kann, Ausdrücke wie »die Welt zerstören« und »das Wetter morgen« sind in logischer Hinsicht weder unklar noch besonders schwierig, wohingegen Begriffe wie »frei« und »richtig« durchaus nicht logisch eindeutig sind.

Wenn wir uns mit solchen Fragen befassen, bilden wir langsam einen Blick für diese logischen Unklarheiten aus. Hier einige weitere Fragen: »Woher wissen wir, daß all unsere Erfahrungen nicht nur Traum oder Einbildung sind?«, »Sind alle Menschen gleich?«, »Sind alle unsere Handlungen determiniert?«, »Was ist Wahrheit?«, »Gibt es so etwas wie Schönheit?«, »Sind ›Glauben‹ und ›Wissen‹ Gegensätze?«, »Gibt es einen Gott?«. Es ist eigenartig, daß in diesen Fragen Wörter auftauchen, die uns durchaus vertraut sind, so zum Beispiel »Traum«, »gleich«, »Wahrheit«, »Schönheit«, »Glauben«, »Wissen« und »Gott«. Zwar kommen in einigen Fragen Wörter vor, die eher zur Fachsprache eines Philosophen gehören, etwa »determiniert«, aber im allgemeinen handelt es sich um Wörter, die uns aus der Alltagssprache geläufig sind, und dennoch empfinden wir die Fragen irgendwie als ungewöhnlich. Im täglichen Leben stellen wir normalerweise solche Fragen nicht, es sei denn,

wir wären gerade in der Stimmung, uns über sogenannte »abstrakte« Themen zu unterhalten. Im allgemeinen fragt man sich nicht allzuoft: »Handle ich überhaupt jemals frei, unterliege ich nicht vielmehr ständig einem bestimmten Zwang?« oder: »Vielleicht ist das ganze Leben nur ein Traum?« Es stimmt zwar, daß solche Fragen wie »Gibt es einen Gott?« nicht ungewöhnlich sind und oft gestellt werden. Wir können aber gerade an dieser Frage besonders gut erkennen, daß sie sich deutlich von solchen unterscheidet, die zwar genauso aussehen, wie zum Beispiel »Gibt es Leben auf anderen Planeten?« oder »Gibt es Einhörner?«, die aber Tatsachenfragen sind. »Gott« ist ein unbestimmter Begriff, obwohl wir das Wort »Gott« vielleicht sogar täglich gebrauchen. Angesichts solcher Fragen müssen wir Begriffe hinterfragen, deren Gebrauch uns bisher unproblematisch erschien. Wir müssen aufmerksamer gegenüber Wörtern werden, die wir bisher zwar nicht notwendigerweise falsch, aber doch unüberlegt benutzt haben. Dieses Vorgehen ist mit der Methode der Psychoanalyse vergleichbar oder mit den Selbstprüfungen und Beichten, wie wir sie aus dem religiösen Leben her kennen. Wir sollen uns dort unserer Handlungen bewußt werden, sie objektiv betrachten und über sie nachdenken. Erst auf diese Weise wird die Bedeutung unserer Handlungen klar. Ebenso sollen wir uns der Bedeutung von Wörtern bewußt werden, wenn wir uns mit Begriffsfragen befassen. Sobald wir das tun, fühlen wir uns verunsichert. Vielleicht fragt uns jemand: »Was ist Zeit?«, und weil nun »Zeit« ein Wort darstellt, das uns völlig geläufig ist, antworten wir zunächst ganz unbefangen: »Zeit? Nun, Zeit ist das, was voranschreitet, wenn eine Sache nach der anderen passiert. Wir gebrauchen Uhren oder die Sonne, um die Zeit anzugeben. Wir sprechen vom Lauf der Zeit und sagen, sie ist wie ein Fluß . . .« Es wird uns jedoch bald bewußt, daß wir nicht in der Lage sind, eindeutig anzugeben, was der Begriff »Zeit« eigentlich bedeutet.
Begriffsfragen kommen uns seltsam vor, weil wir nicht recht

wissen, wie sie zu beantworten sind. Welche Antwort wäre zum Beispiel möglich auf die Frage »Sind alle Menschen gleich?«? Womit fängt man an? Wie würde eine befriedigende Antwort aussehen? Die Sache ist ziemlich undurchsichtig. »Gleich? Was meinst du mit ›gleich‹? Gleich in bezug auf was? Gleich inwiefern? Was hätte man davon, wenn man sagte, daß alle Menschen gleich oder nicht gleich sind? Unter welchen Voraussetzungen würde man das eine oder das andere sagen? Welche praktischen Konsequenzen würden sich ergeben? Wir wissen, was gemeint ist, wenn man in der Geometrie feststellt, daß eine Gerade AB gleich der Geraden CD ist oder daß in zwei Gruppen sich die gleiche Anzahl von Personen befindet. Aber mit der Aussage ›Alle Menschen sind gleich‹ – was sollen wir damit anfangen?« Es kommt uns vor, als hätten wir ein Knäuel vor uns, das vorsichtig entwirrt werden muß, oder eine Ansammlung verschiedener Gegenstände, die geordnet werden sollen, oder einen unbekannten Landstrich, der zu kartographieren ist.

Vielleicht hilft uns der letzte Vergleich ein wenig weiter. Ein bestimmtes Gebiet zu kartographieren heißt im Grunde, ebenso wie die nähere Beschäftigung mit Begriffen, sich seiner alltäglichen »Umgebung« bewußter zu werden. Uns mag ein Gebiet durchaus vertraut sein, weil wir dort gewesen sind und uns auskennen. Wir haben es aber nie so bewußt aufgenommen, daß wir eine Karte davon anfertigen könnten. Wir finden wahrscheinlich den Weg von einer Stadt zur anderen, und wir wissen vielleicht auch, daß bestimmte Gegenden des Gebietes hügelig, andere bewaldet sind usw., trotzdem können wir es nicht genau zu Papier bringen, denn wir kennen die Landschaft einfach nicht in der Weise, wie es dafür erforderlich ist. Ebenso sind wir unser ganzes Leben mit Wörtern umgegangen, haben sie erfolgreich in der Kommunikation mit unseren Freunden angewendet, und dennoch ist uns ihre Bedeutung nicht bewußt geworden.

Der Bewußtwerdungsprozeß ist nicht einfach, d. h. nicht so einfach wie zum Beispiel das Studium einer Naturwissenschaft, etwa der Physik, oder eines Fachs, das von eindeutigen Regeln bestimmt wird, wie der Mathematik. Er hat vielmehr Ähnlichkeit damit, wie man lernt, ein Spiel zu spielen. Um ein Spiel gut spielen zu können, muß man eine klare Vorstellung davon haben, wie das Spiel abläuft, wie man gewinnt, und man braucht außerdem viel praktische Erfahrung. Allerdings ist es auch nützlich, auf Ratschläge zu hören, denn es gibt im allgemeinen eine Reihe hilfreicher Grundsätze und Regeln. Diese sind aber nur dann nützlich, wenn sie so verstanden werden, wie sie gemeint sind. Ein guter Rat im Tennis ist zum Beispiel: »Halte den Arm ganz gestreckt und beuge den Ellenbogen nicht zu sehr.« Es gibt aber viele Situationen – zum Beispiel wenn man direkt am Netz steht –, in denen dieser Rat besser unbeachtet bleiben sollte. Im Grunde ist so viel vom Spieler, von seinem Gegner, von den Platzverhältnissen usw. abhängig, daß es für einen Trainer unmöglich ist, eine vollständige Liste aller Ausnahmen aufzustellen. Derjenige, der Tennisunterricht hat, sollte einen Rat natürlich nicht zurückweisen, aber er darf ihn weder zu ernst nehmen noch glauben, daß er unbedingt ein guter Tennisspieler wird, wenn er sich genau an ihn hält. Er muß vielmehr lernen, den Rat auf die eigene Spielpraxis zu beziehen, d. h. ihn ständig in der Praxis auf dem Tennisplatz überprüfen. Nur wenn er das tut, wird er für ihn von Nutzen sein.

B. Schwierigkeiten und Methoden der Analyse

1. Unterschiede der persönlichen Veranlagung

Auch wenn es etwas ungewöhnlich scheinen mag, sollten wir zunächst mögliche psychologische Hindernisse oder Widerstände gegen unsere Techniken ansprechen. Diese Hindernisse sind nicht nur schwer zu überwinden, sondern sie sind auch schwer zu beschreiben oder zu erklären. Zwar können sie im Rahmen dieses Buches nicht im Detail untersucht werden, aber da sie für die Anwendung der Techniken von so großer Bedeutung sind, mag es für den Leser hilfreich sein, an sie erinnert zu werden – selbst wenn sie ihm oft klar und geläufig sind.

(1) Eine der unangenehmsten Erfahrungen, wenn man beginnt, diese Techniken anzuwenden, ist für diesen oder jenen das Gefühl völliger Verunsicherung. Mancher hat es besonders gern, wenn alles klar und eindeutig benannt wird und mit verschiedenen Überschriften versehen werden kann, so wie etwa jemand sich durch Schlagwörter einen Überblick in Geschichte verschafft oder sich eine Gleichung in Algebra oder einen Lehrsatz in Geometrie einprägt. Wir haben inzwischen aber festgestellt, daß unsere Techniken dazu nicht dienen können. Man kann nicht sagen: »Dies sind die sechs Punkte, die den Begriff ›Wissenschaft‹ bestimmen. Wenn du sie dir erst einmal aufgeschrieben und eingeprägt hast, weißt du alles, was es darüber zu wissen gibt.« Falls jemand so etwas sagt, ist er sehr weit von der Wahrheit entfernt, denn die ganze Angelegenheit ist wesentlich komplexer. Solche in eindeutigen Bahnen denkenden Menschen haben am Ende einer Diskussion über Begriffe das Gefühl, zu keiner Lösung gekommen zu sein, und sagen dann vielleicht: »Es hat zu nichts geführt, niemand hat *die Antwort* gefunden.«

(2) Im Gegensatz dazu gibt es auch die Meinung, Begriffs-

fragen ließen sich leichter klären, als es tatsächlich der Fall ist. Gerade bei besonders intelligenten, aber ungeduldigen Menschen kommt im Laufe einer Diskussion oft das Gefühl auf, die ganze Sache werde unnötig hochgespielt. Für sie ist nämlich klar, daß der und der Begriff das und das meint und daß alle weiteren Überlegungen Haarspalterei sind. Wie wir aber noch sehen werden, verfügen die interessantesten Begriffe über einen solchen Reichtum an Anwendungs- und Bedeutungsmöglichkeiten, daß es sehr gut möglich ist, denselben Begriff wochenlang zu diskutieren und immer noch etwas hinzuzulernen.

(3) Ganz anders reagieren Leute, die von den Techniken besonders angetan sind. Sie versuchen dann geradezu zwanghaft, alles und jedes zu analysieren. So wie die Menschen, die alles psychologisch erklären, weil sie sich besonders für Psychologie interessieren und in entsprechenden Kreisen verkehren. Das Analysieren wird fast zu einer Sucht, so daß sie unbedingt nicht nur Begriffe wie »Wissenschaft«, »Freiheit«, »Demokratie« usw. analysieren wollen, sondern auch völlig gewöhnliche Begriffe wie »Tisch« und »Pferd«. Zweifellos lohnt es sich in gewisser Weise, auch die einfachsten Begriffe zu analysieren, und man muß zugeben, daß Wörter, die so einfach erscheinen wie »alle«, »wenn« oder »ist«, im Bereich der Logik zu den wichtigsten zählen. In der alltäglichen Praxis sollte man sich aber auf einige Begriffe beschränken, mit denen man sich genauer befaßt. Ein gewisser Sinn für angemessene Gewichtung ist deshalb erforderlich.

(4) Eine weitere Schwierigkeit taucht auf, wenn jemand nicht fähig oder bereit ist, sich mit etwas auseinanderzusetzen oder über etwas zu diskutieren. In den meisten Diskussionen – sei es über Begriffsfragen oder über andere Dinge – gibt es Leute, die nur stumm dasitzen und irgendwie das Gefühl haben, es gäbe nichts, was sie beitragen könnten. Möglicherweise haben sie Angst, sich zu blamieren, aber gerade die Bereitschaft, eine solche Möglichkeit in Kauf zu

nehmen, ist eine der Grundvoraussetzungen, um etwas zu lernen. Nur wer etwas wagt (und also auch manchmal verliert), kann etwas gewinnen. Das gilt auch für die Auseinandersetzung mit den eigenen Gedanken. Ein Großteil konstruktiven Nachdenkens ist mit einer inneren Auseinandersetzung oder Dialektik vergleichbar, d. h., man stellt eine bestimmte Überlegung an, setzt eine andere dagegen, wägt beide gegeneinander ab, fügt dann vielleicht eine weitere hinzu usw. Gerade in bezug auf Begriffsfragen ist es sehr wichtig, *überhaupt* etwas zu sagen und darauf zu vertrauen, daß etwas dabei herauskommt. Unabhängig davon, ob dies letztlich der Fall sein wird oder nicht – wichtig ist, daß der erste Schritt getan wird. Deshalb zählt Aufgeschlossenheit im Sinne der Bereitschaft, Überlegungen und Behauptungen offen zur Diskussion zu stellen, zu den wichtigsten Dingen, die man pflegen sollte, um gegen geistige Unbeweglichkeit anzugehen.

(5) Der Gegensatz zu der oben beschriebenen Gesprächsbereitschaft ist jene Redseligkeit, die klares Denken durch wortreiche Argumentation eher behindert. Gewisse Leute prüfen ihre Diskussionsbeiträge nicht so, wie es für unsere Sache erforderlich ist, sondern halten möglichst lange Reden oder geben ihre Meinung wortreich kund. Wenn solche Leute zum Beispiel eine Skizze von einem Stadtteil anfertigen sollen, zeichnen sie, ohne zu zögern, auf, was sie für die Hauptstraßen halten, wobei sie weder auf die Seitenstraßen achten noch überlegen, ob es wirklich die Hauptstraßen sind. Dies ist eine ermüdende und destruktive Methode, die kaum zu etwas führt. Sie ist besser für die politische Rede oder für die Werbung geeignet als zur Analyse von Begriffen.

(6) Schließlich, und vielleicht häufiger als auf andere Hindernisse, trifft man auf eine Neigung, alles moralisch zu beurteilen. Zahlreiche Wörter lösen bei vielen Menschen Emotionen aus, weil mit ihnen über ihre Verwendung in der Umgangssprache hinaus bestimmte Wertvorstellungen ver-

bunden werden. Besonders deutlich wird dies bei Begriffen wie »Kommunismus« und »Demokratie«, die für die meisten Menschen in der westlichen Welt negative bzw. positive Werte implizieren. Man könnte geradezu sagen, der eine Begriff hat Hörner, der andere einen Heiligenschein. Weniger überspitzt läßt sich dies am Begriff »Wissenschaft« deutlich machen. Dieser Begriff bedeutet für den einen Fortschrittlichkeit, eine schönere Zukunft, vernunftgeleitetes Handeln usw., bei dem andern löst er Gedanken an die Schrecken des Atomkrieges aus, an die Inhumanität von Maschinen, an kalte und gefühllose Berechnung usw. Es gibt in der Tat nur wenige Begriffe, auf die wir nicht in irgendeiner Weise subjektiv reagieren oder mit denen wir nicht gewisse Vorurteile verbinden. Man ist deshalb oft genug geneigt, diese Begriffe in einer Diskussion als Waffen einzusetzen, anstatt sie auf ihren Gehalt hin zu analysieren. Wir brauchen uns nur daran zu erinnern, wieviel Zeit wir darauf verwenden, etwas Gutes oder Schlechtes über den Kommunismus zu äußern, und wie wenig wir uns im Vergleich dazu mit der Natur des Begriffs »Kommunismus« befassen.

Wir könnten leicht noch weitere Probleme aufzählen, aber es ist vielleicht hilfreicher, das Gemeinsame aller Schwierigkeiten deutlich zu machen. Im wesentlichen bestehen sie alle im Mißlingen der Kommunikation. Die Begriffsanalyse erfordert eine ganz besondere Art der Kommunikation, denn es gibt nur wenige klare Regeln, sofern es überhaupt welche gibt. Wie wir sahen, müssen wir erst lernen, wie wir vorzugehen haben, ähnlich wie wir lernen, ein Spiel zu spielen oder mit Menschen umzugehen, d. h., wir lernen in diesen Fällen, indem wir tatsächlich etwas tun, genausogut wie durch das Einprägen bestimmter Regeln. Wir müssen an das Spiel glauben und mit Aufmerksamkeit und Konzentration daran teilnehmen, ohne zu ängstlich zu sein. Wir müssen uns angesprochen fühlen und den Erfolg wollen, dürfen ihm aber dennoch nicht nachjagen. Wir müssen uns zurückhalten, ohne Hemmungen zu haben. Einige Leute versagen, weil sie das Spiel nicht genügend ernst nehmen, sie glauben, die Lösung liege auf der Hand oder allein *ihre* Ausführungen seien eine ausreichende Antwort. Sie haben also die tatsächliche Situation überhaupt nicht erfaßt. Sie sind zwar in der Lage, zu ihrer eigenen Zufriedenheit eine Rede zu halten, aber unfähig, sich auf das Spiel einzulassen, ähnlich wie ein Fußballspieler, der den Ball nie an einen anderen Spieler weitergibt. Andere wiederum sind zu ängstlich und unsicher und nicht in der Lage, mit der Situation fertig zu werden. Sie schweigen und versuchen gar nicht erst, an der Kommunikation teilzunehmen, wie ein Fußballspieler, der den Ball überhaupt nicht berührt und sofort einem anderen Spieler zuspielt, wenn sich eine Berührung nicht vermeiden läßt.

Hinter der Fähigkeit, Begriffe zu analysieren, steht also die allgemeinere Fähigkeit, sich unterhalten bzw. kommunizieren zu können. Zur Anwendung dieser Fähigkeiten gehört aber vor allem die Bereitschaft, dieses spezielle Spiel anzuerkennen und sich darauf einzulassen. Derjenige, der dazu neigt zu moralisieren, der also nicht fähig ist, *über* Begriffe zu *sprechen*, sondern sie nur zu Moralpredigten *verwendet*, läßt sich im Grunde überhaupt nicht auf das Spiel ein, sondern macht uns nur etwas vor. Das tut auch derjenige, der das Spiel übertreibt, indem er darauf besteht, jeden Begriff zu analysieren, der in einem Satz vorkommt. So jemand ist mit einem Fußballspieler vergleichbar, der vor dem Tor unbedingt noch ein gekonntes Dribbling ausführen muß, wenn er besser schießen sollte. Kommunikation setzt also die Anerkennung des besonderen Spiels ebenso voraus wie die Bereitschaft, aus voller Überzeugung mitzuspielen.

Oft wird angenommen, es sei besonders schwierig, sich mit Begriffsanalyse zu befassen. Richtig scheint mir, daß der Zugang zu dem Spiel der Begriffsanalyse zwar schwierig, das Spiel selbst aber dann einfach ist. Deshalb habe ich etwas ausführlicher zu erklären versucht, was es mit diesem Spiel auf sich hat. Das ist ähnlich wie beim Schwimmenlernen. Die Hauptschwierigkeiten bestehen darin, ein »Gefühl« für Wasser zu bekommen und letztlich selbst zu erkennen, daß es einen trägt. Ist das erst einmal geschehen, ändert sich alles, und Schwimmen erscheint leicht. Es ist, als hätte es plötzlich geklickt, und alles ist klar. Ähnlich ist es mit dem Erlernen der Begriffsanalyse, man wird aufgefordert, ein neues Spiel zu spielen, nämlich Wörter aus neuer Sicht zu sehen, d. h. umzudenken, und nach einer Phase der Unsicherheit weiß man plötzlich, worum es geht. Solche Anfangsschwierigkeiten werden ähnlich wie beim Schwimmenlernen von einigen Leuten schnell überwunden, bei anderen mag es eine Weile dauern, bis sie die notwendige Selbstsicherheit gewinnen. Diejenigen aber, die schließlich die besten Schwimmer werden, sind nicht unbedingt die gewesen, die am schnellsten mit dem Wasser vertraut wurden.

Weil die Menschen so verschieden sind, ist es hier notwendig, die Aufmerksamkeit auf Schwierigkeiten zu lenken, die jedem vertraut sind, auf Schwierigkeiten also, die man hat, ein neues Spiel bzw. eine neue Art der Kommunikation zu erlernen. Ich habe nicht deshalb immer von einem Spiel gesprochen, weil die Begriffsanalyse etwa keine ernste und wichtige Angelegenheit wäre, sondern weil ein Spiel nichts damit zu tun hat, sich bestimmte Fakten einzuprägen oder tugendhafter sein zu wollen oder Leute von sich zu überzeugen. Die eigentlichen Schwierigkeiten sind ganz andere. Wenn wir dies berücksichtigen und ein wenig aufmerksam und selbstsicher sind, lassen sich leicht die Fehler vermeiden, die die meisten von uns machen, wenn sie zum ersten Mal Begriffe analysieren, Fehler, die bis vor kurzem die Menschen überhaupt davon abgehalten haben, das Spiel der Begriffsanalyse bewußt zu betreiben.

2. Techniken der Analyse

Zunächst sollten wir uns mit einigen grundsätzlichen Überlegungen beschäftigen. Solche Überlegungen sind fast immer von Nutzen, wenn wir mit einer Frage konfrontiert werden, die offenbar eine Begriffsanalyse erfordert.

(1) Das Isolieren von Begriffsfragen

Als erstes müssen wir Begriffsfragen von anderen Fragen trennen. Es kommt nur selten vor, daß eine Begriffsfrage in reiner Form vorliegt, insofern ist es zwar möglich, aber unwahrscheinlich, daß man gefragt wird: »Was ist die logische Eigenart des Begriffs ›Strafe‹?« Man sieht sich fast immer mit einer viel verwirrenderen und komplexeren Frage konfrontiert wie zum Beispiel: »Sollten Menschen in Anstalten für geistig Behinderte jemals bestraft werden?« Hier muß man nun verschiedene Spiele spielen. Um die Frage erschöpfend zu beantworten, muß man (a) den Begriff »Strafe« analysieren, (b) über Angaben verfügen, welche Menschen sich tatsächlich in Anstalten für geistig Behinderte befinden, und (c) eine moralische Stellungnahme abgeben, ob diese Menschen überhaupt bestraft werden sollten. Diese Frage schließt also nicht nur eine begriffliche Analyse ein, sondern auch Tatsachenüberlegungen ebenso wie Überlegungen in bezug auf Werte.

Bevor wir uns weitere Beispiele ansehen, sollten wir uns zunächst mit folgender Frage befassen: »Ist die Freiheit für den einzelnen in einer Gesellschaft wichtig?« Diese Frage erfordert beides, nämlich eine begriffliche Analyse und ein Werturteil, d. h., wir müssen (a) den Begriff »Freiheit« analysieren und (b) eine Stellungnahme über Wichtigkeit und Wert der Freiheit abgeben. Wenden wir uns einer weiteren Frage zu: »Ist der Fortschritt im 20. Jahrhundert unvermeidlich?« Hier sind begriffliche Analyse und Tatsachenüberlegungen erforderlich. Wir müssen nämlich den

Begriff »Fortschritt« genauer erfassen (sowie vielleicht auch den Begriff »Unvermeidlichkeit«) und dann sehen, welche Tatsachen wir in bezug auf das 20. Jahrhundert für relevant halten. Es ist hier nun nicht unsere Aufgabe zu überlegen, wie Wert- oder Tatsachenfragen inhaltlich zu beantworten sind, aber es ist klar, daß keine dieser Fragen befriedigend beantwortet werden kann (und besonders keine Begriffsfrage), wenn wir nicht die logisch unterschiedlichen Fragearten erkennen, die sich hinter einer einzelnen Frage verbergen können. Trotz eines einzigen Fragezeichens werden im Grunde oft mehrere Fragen gestellt. Wir können demnach keiner gerecht werden, wenn wir sie nicht zuvor unterschieden haben. Kehren wir zu den oben angeführten Beispielen zurück. Wir können nicht sagen, wer bestraft werden soll, bevor wir nicht wissen, was Strafe eigentlich ist, andernfalls wissen wir buchstäblich nicht, wovon wir reden. Wir müssen wissen, was der Begriff »Freiheit« meint, bevor wir überhaupt irgendeine vernünftige Ansicht über die Bedeutung der Freiheit abgeben können, und wir müssen wissen, was »Fortschritt« heißt, bevor wir beantworten können, ob er unvermeidlich ist. Deshalb müssen wir erst die Begriffsfragen herauslösen und sie vorrangig behandeln.

(2) »Richtige Antworten«

Wie bereits oben erwähnt wurde, gibt es bei Begriffsfragen nicht nur eine eindeutige Lösung. Wir sind jetzt schon daran gewöhnt, zunächst zu sagen: »Es kommt darauf an, was du damit meinst ...«, und dies hat bedeutende Konsequenzen für die oben beschriebenen mehrdeutigen Fragen. Kurz gesagt folgt daraus, daß es auf *die gesamte mehrdeutige Frage* keine »richtige Antwort« gibt. Wir müssen also mit einer genauen Analyse beginnen. Wir erkennen dann, daß wir die mehrdeutige Frage »Ist der Fortschritt im 20. Jahrhundert unvermeidlich?« sehr wohl beantworten können, indem wir nämlich sagen: »Ja, wenn du das und das unter

Fortschritt verstehst, dann ist er (angesichts gewisser Tatsachen) unvermeidbar, nicht aber wenn du das und das damit meinst.« Oder nehmen wir ein anderes Beispiel. Wenn jemand gefragt wird: »Ist Demokratie eine zufriedenstellende Regierungsform?«, würde er zunächst eine Reihe verschiedener Verwendungen und Kriterien des Begriffs »Demokratie« aufzählen und dann etwa antworten: »Gut, wenn du beim Wort ›Demokratie‹ von *diesen* Kriterien ausgehen willst (sagen wir, daß ein Land dann als demokratisch gilt, wenn die Verteilung des Staatshaushaltes durch Volksabstimmung und nicht durch bestellte Fachleute geschieht), dann ist eine ›Demokratie‹ in diesem Sinn natürlich nicht sehr befriedigend, weil sie Instabilität verursachen würde. Wenn du aber nur darauf bestehst, daß in einer Demokratie die Regierung in bestimmten Abständen vom Volk gewählt wird, dann scheint das ganz zufriedenstellend zu sein.«

Das ist – wie gesagt – einer der Gründe, warum es nicht nur wichtig ist, Begriffsfragen von anderen Überlegungen zu trennen, sondern sie zuerst anzugehen. Überlegungen über Tatsachen oder Moral lassen sich überhaupt nicht angemessen anstellen, bevor man nicht herausgefunden hat, worauf sie sich beziehen. Wenn eine mehrdeutige Frage der allgemeinen Art »Ist das und das (ein Begriff) so und so (gut, schlecht, unvermeidbar im 20. Jahrhundert usw.)?« gestellt wird, muß die Antwort manchmal in Form »Wenn du mit dem und dem *abc* meinst, dann ja, weil ... Wenn du aber *xyz* meinst, dann nicht, weil ...« gegeben werden. Die Beispiele, die sich auf Fortschritt und Demokratie bezogen, sollten dies verdeutlichen.

Obwohl wir gesehen haben, daß es irreführend ist, von *der* Bedeutung eines Wortes zu sprechen, ist es aber ebenso falsch anzunehmen, die meisten Begriffe seien völlig offen und könnten mehr oder weniger beliebig bestimmt werden. Wir wissen, daß jeder Begriff einen gewissen Bedeutungsbereich abdeckt, der annähernd bestimmt und festgestellt werden kann, selbst wenn die Grenzen nicht in allen Fällen genau festliegen. Wenn wir also auch bezweifeln mögen, ob Wale, Quallen, Seesterne, Krebse und Austern unter den Begriff »Fisch« fallen, so wissen wir zumindest, daß dies bei Heringen, Seezungen, Schollen, Forellen usw. in der Regel so ist. Es gibt darüber hinaus noch einen Grund (oder eine Reihe von Gründen), weshalb wir bei Walen und Quallen Zweifel anmelden, aber nicht bei Heringen und Schollen, und zwar deshalb, weil der Begriff »Fisch« kein willkürlich gewählter ist. Der Mensch findet es nun einmal notwendig, mit einem Wort etwas zu beschreiben, das bestimmten Bedingungen genügt, etwa im Wasser leben zu können, ein Lebewesen und kein Stein oder eine Muschel zu sein, schwimmen zu können (anders als Seeanemonen) usw. Sicherlich sind diese Merkmale in gewissem Maße ungenau. Sagen sie zum Beispiel etwas darüber aus, wie das Wesen *aussieht*? Muß es Flossen und einen weichen Körper haben, um zu den Fischen zu zählen? Wenn ja, müssen wir Krebse ausschließen. Wie steht es dann aber mit Tintenfischen? Sie haben zwar weiche Körper, aber keine Flossen, und außerdem nennen wir sie Tinten*fische*. Mit solchen Überlegungen versuchen wir herauszufinden, welche Voraussetzungen wichtig oder wesentlich und welche unwesentlich sind.

Wir dürfen also weder glauben, wir könnten endgültig angeben, was ein Wort »wirklich bedeutet«, noch meinen, wir könnten die Bedeutung völlig unseren eigenen oder fremden Bedürfnissen anpassen. Mit anderen Worten: In einigen Anwendungsfällen des Begriffs kommen wir dem Begriffskern näher als in anderen. Untersuchen wir zum Beispiel den Begriff »Wahrheit«. Wir könnten da an drei Beispiele für das Wort »wahr« denken: (a) wenn wir eine Feststellung oder Aussage als »wahr« bezeichnen, (b) wenn wir von einem »guten und wahren Menschen« oder von einem »wahren Freund« sprechen, und (c) wenn wir zum Beispiel sagen: »Dort befanden sich wahre Menschenmassen.« Es ist nicht schwer zu erkennen, daß der erste Fall dem

Kern des Begriffs am nächsten kommt. Wahr sind in erster Linie Feststellungen oder Aussagen, und wenn wir auch von einem »wahren Freund« oder von »wahren Menschenmassen« sprechen können, so sind dies doch Erweiterungen oder Verschiebungen des eigentlichen Gebrauchs. Ebenso verwenden wir das Wort »flüstern« in einer metaphorischen Erweiterung seines normalen Gebrauchs, wenn wir sagen, daß der Wind in den Bäumen »flüstert«. Mit der Zeit wird man ein Gefühl dafür entwickeln, den eigentlichen und zentralen Gebrauch des Begriffs von den abgeleiteten und entfernteren Verwendungsweisen zu unterscheiden. Eine solche Sensibilität entscheidet zwischen einer nützlichen und erfolgreichen Analyse und dem ungeschickten Versuch, den Begriff bloß durch Aneinanderreihung von Beispielen zu analysieren, ohne zwischen diesen zu unterscheiden.
Wir sollten jetzt in der Lage sein, uns weitere besondere Analysetechniken anzusehen:

(3) Modellfälle

Besonders wenn uns der Begriffsumfang unsicher macht, sollten wir am besten mit einem Modellfall beginnen, d. h. mit einem Beispiel, das nicht in Zweifel zu ziehen ist und von dem wir sagen könnten: »Wenn *das* kein Beispiel für das und das ist, dann gibt es überhaupt keines.« Wenn wir also dem Begriff »Strafe« nachgehen, könnten wir einen Fall nehmen, in dem jemand absichtlich gegen eine wichtige Vorschrift verstoßen hat und ihm dafür durch eine Autorität Leiden zugefügt wird: Stellen wir uns einen Jungen vor, der eine Fensterscheibe in der Schule eingeschlagen hat und dafür vom Schulleiter eine Ohrfeige erhält. Hier handelt es sich sicherlich um einen Fall von Strafe. Wir können jetzt die Merkmale des Falles ansehen und herauszufinden versuchen, welche für den Gebrauch des Wortes »Strafe« wesentlich sind. Wir könnten überlegen, ob der Junge tatsächlich gegen eine Vorschrift verstoßen hat, ob er es mit Absicht getan hat, ob er von zuständigen Autoritäten belangt wurde, ob er Schmerzen erlitten hat oder ob es eine Kombination von all dem ist. Dann könnten wir andere Modellfälle heranziehen, zum Beispiel jemanden, der einen Diebstahl begeht und durch einen Richter zu einer Strafe verurteilt wird, und sehen, ob all die Merkmale, die wir im ersten Fall festgestellt haben, wieder auftauchen. Wenn nicht, könnte es ein Zeichen dafür sein, daß die nicht vorkommenden Merkmale nicht wesentlich sind, denn wären sie es, würden sie vielleicht[1] in *allen* Modellfällen auftauchen. Wir können also unsere Suche nach wesentlichen Merkmalen dadurch begrenzen, daß wir die unwesentlichen aussondern.

(4) Entgegengesetzte Fälle

Das gleiche läßt sich durch entgegengesetztes Vorgehen erreichen, indem wir Fälle nehmen, von denen wir sagen können: »Was immer das und das sein mag, *dies* ist kein Beispiel dafür.« Angenommen, wir wären uns über den Begriff »Gerechtigkeit« im unklaren. Dann würden wir uns einen Fall vornehmen, bei dem wir eindeutig sagen könnten, daß jemand ungerecht behandelt wurde. Zum Beispiel den Fall einer unschuldigen Person, die für ein Verbrechen, das sie nicht begangen hat, zu lebenslanger Haft verurteilt wird, oder den Fall zweier Menschen, die das gleiche Verbrechen

1. Vielleicht, aber nicht notwendig. Es gibt einige Begriffe, die keine wesentlichen Merkmale aufweisen: So bezweifle ich, ob wir jemals etwas als eine Schachtel bezeichnen würden, wenn man nichts hineintun könnte. Es gibt aber andere Begriffe, die nicht durch solche wesentlichen Merkmale gekennzeichnet sind, obwohl sie durchaus typische Merkmale haben mögen. Es ist typisch für Rinder, Hörner zu haben und typisch für Spiele, daß es sich um Aktivitäten handelt, an denen zwei oder mehr Leute teilnehmen können. Dennoch sind dies keine wesentlichen Merkmale, denn es kann Rinder ohne Hörner geben und Spiele, die man alleine spielt. Mit anderen Worten, einige Begriffe beziehen sich auf Dinge, die nicht ein einziges Merkmal gemeinsam haben, die aber durch eine Gruppe charakteristischer, aber nicht wesentlicher Merkmale verbunden sind. In bezug auf solche Begriffe müssen wir uns also damit zufriedengeben, nach *typischen* und nicht nach *wesentlichen* Eigenschaften zu suchen.

unter den gleichen Umständen begangen haben und von denen einer bestraft wird und der andere straffrei davonkommt. Dies sind klassische Fälle von Ungerechtigkeit, und wir müßten sie genauer betrachten, um herauszufinden, warum sie so klassisch sind. In dem zweiten Beispiel, in dem das Gericht zwei Menschen unterschiedlich behandelt, sieht es so aus, als bestünde das wesentliche Merkmal in der Ungleichheit. Heißt das also, daß wir etwas als »ungerecht« bezeichnen, wenn zwei Menschen nicht gleich behandelt werden? Betrachten wir ein weiteres Beispiel: Nehmen wir an, zwei Menschen begehen einen Mord, aber unter verschiedenen Umständen. Schmidt ist ein reicher, aber geldgieriger Mann, der sein Opfer umbringt, um noch ein bißchen mehr Geld zu haben. Müller, ein anständiger Mann, der seine Frau liebt, findet sie im Bett mit einem anderen. Dieser macht sich über ihn lustig. Müller verliert die Geduld und bringt ihn um. In beiden Fällen handelt es sich um Mord. Würden wir es aber für ungerecht halten, wenn Schmidt zu lebenslänglicher Haft verurteilt würde und Müller nur zu zehn Jahren Gefängnis? Nein, das würden wir nicht tun. Und dies, *obwohl* zwei Menschen, die das gleiche Verbrechen begangen haben, unterschiedlich behandelt werden. Welche anderen Umstände müssen wir also berücksichtigen, um einen Fall »gerecht« oder »ungerecht« nennen zu können? *Verdient* Schmidt etwa eine härtere Strafe als Müller? Vielleicht müssen wir uns noch ein paar weitere entgegengesetzte Fälle vornehmen, um von ihnen in ähnlicher Weise zu lernen.

(5) Verwandte Fälle

Nur selten können wir einen Begriff analysieren, ohne andere Begriffe einzubeziehen, die ihm verwandt oder ähnlich sind oder in irgendeiner wesentlichen Beziehung zu ihm stehen. Es leuchtet ein, daß wir uns nicht lange mit Strafe und Gerechtigkeit anhand von Modellfällen und entgegengesetzten Fällen wie oben befassen können, ohne auf den Begriff »Verdienst« zu stoßen, ein Begriff, der in der Tat ein wesentliches Merkmal der verwandten Begriffe »Strafe« und »Gerechtigkeit« ist. Ebenso wie man einen Teil einer Maschine nicht verstehen kann, ohne nicht wenigstens ungefähr zu wissen, wie dieses zu den anderen paßt und wie die anderen funktionieren, ist es schwierig, einen Begriff zu erfassen, ohne zu beachten, wo in dem Begriffsfeld er steht, dem er angehört. In unserem Beispiel sollten wir sinnvollerweise die Umstände berücksichtigen, die uns sagen lassen, die Person »verdiene« eine bestimmte Behandlung oder sie »verdiene sie nicht«. Wenn wir uns über die Anwendungsmerkmale des verwandten Begriffs (»Verdienst«) im klaren sind, wird es viel leichter sein, sich über den ursprünglichen Begriff (»Strafe« oder »Gerechtigkeit«) Klarheit zu verschaffen.

(6) Grenzfälle

Es ist auch hilfreich, sich gerade solche Fälle vorzunehmen, bei denen wir nicht sicher sind, um zu sehen, was dabei herauskommt. Nehmen wir an, ein Kind berührt eine elektrische Leitung, obwohl es auf die Gefahr hingewiesen wurde, und bekommt einen leichten Schlag. Ist das eine »Strafe«? Dieser Fall hat einige Merkmale mit den Modellfällen von Strafe gemeinsam, aber vielleicht doch nicht genug. Versuchen wir deshalb herauszubekommen, welches wichtige Merkmal fehlt. Vielleicht dieses, daß keine *Person* die Strafe verhängt. Dann könnte uns aber einfallen, daß wir von einem Boxer sagen: »Er steckt ein gehöriges Strafmaß ein.« Verwenden wir das Wort »Strafe« hier ernsthaft, oder gebrauchen wir es metaphorisch? Wie ist es dann aber mit jemandem wie Macbeth in Shakespeares Schauspiel, der für seine bösen Handlungen leiden muß? Können wir sagen, »er hat sich selbst bestraft«, oder ist das auch eine Metapher? Wie ist es mit Strafen bei Spielen, wenn jemand wegen eines falschen Schrittes »bestraft« wird (ihm zum Beispiel Punkte abgezogen werden) oder weil er verloren hat (er zum Beispiel die nächste Runde aussetzen muß)? Sind dies wirklich Strafen, oder handelt es sich nur um eine Art von scherzhafter oder vorgespielter Strafe? Alle angeführten Beispiele sollen die Natur des Begriffs erhellen, und zwar indem wir uns fortwährend verschiedene Fälle vor Augen führen, die im Grenzbereich des Begriffs liegen und die wir als merkwürdig oder verzwickt bezeichnen könnten. Wenn wir herausfinden, weshalb sie uns so vorkommen, erkennen wir auch, warum die echten Fälle nicht merkwürdig und verzwickt sind und wodurch sie zu echten Fällen werden, d. h., welches die zentralen Merkmale des Begriffs sind.

(7) Erdachte Fälle

Manchmal ist es erforderlich, sich Fälle auszudenken, die ganz außerhalb unserer üblichen Erfahrung liegen, weil uns nämlich unsere Alltagserfahrung nicht genügend Beispiele liefert, um den Begriff klären zu können. So gibt es viele Fälle, um den Begriff »Strafe« näher zu beleuchten; untersuchten wir aber den Begriff »Mensch«, fänden wir es nicht so einfach, uns genügend verschiedene Beispiele auszudenken, denn normalerweise haben wir keinen Grund, uns zu fragen, ob wir jemanden einen Menschen nennen sollen oder nicht. In der Praxis kann man Menschen eindeutig und leicht von Maschinen, Affen, Gemüse usw. unterscheiden. Wollen wir aber die wesentlichen Merkmale des Begriffs herausfinden, müssen wir uns Fälle ansehen, die notwendigerweise erfunden sind und uns eher an Science-fiction erinnern als an das wirkliche Leben. Nehmen wir also an, wir entdeckten Hunderte von Kilometern unter der Erdoberfläche Wesen, die mehr oder weniger wie Menschen aussehen, intelligent sind, aber keine Gefühle besitzen, keine Kunst hervorbringen und niemals scherzen. Würden wir sie für Menschen halten? Oder angenommen, sie verhielten sich genauso wie Menschen, besäßen menschliche Empfindungen und alles übrige, hätten aber zwei Köpfe? Oder stellen wir uns vor, es gelänge uns, ein Wesen zu erzeugen, sagen wir intelligenter als ein sehr zurückgebliebener Pygmäe, das lachen, weinen, sich manchmal ärgern, manchmal scherzen würde usw. Wäre solch ein Wesen ein Mensch, oder würden wir es nicht für einen Menschen halten, nur weil *wir* es geschaffen haben oder weil es künstlich erzeugt wurde? Natürlich wären wir unsicher, wie wir ein solches Wesen nennen sollten, weil diese Fälle so phantastisch sind. Es ist aber nützlich, sie sich vorzustellen, damit wir unsere tatsächlichen Erfahrungen besser verstehen. Denn Begriffsanalyse beruht im wesentlichen auf Vorstellungsfähigkeit, und sicherlich hat sie mehr mit Kunst zu tun als mit Wissenschaft.

(8) Das soziale Umfeld

Sprache findet nicht in einem Raum für sich statt, deshalb dürfen wir nicht denken oder so reden, als würden Fragen, in denen allgemeine Begriffe vorkommen, nur in Prüfungen gestellt. Sie tauchen vielmehr im Alltag, unter dem Druck besonderer Umstände auf. Diese Umstände sind sehr wichtig, um die Begriffe zu verstehen. Bei jeder Aussage müssen wir uns also vorstellen, *wer* wahrscheinlich eine solche Aussage machen, *warum* und *wann* er sie normalerweise machen würde. So könnten wir der Frage gegenüberstehen: »Sind die Menschen jemals für ihre Handlungen verantwortlich?« Eine gute Möglichkeit, sich dem Begriff der Verantwortlichkeit zu nähern, besteht darin, sich einen praktischen Fall vorzunehmen. Wer wird wohl sagen: »Dieser Mensch ist für seine Handlungen nicht verantwortlich?« Vielleicht der Verteidiger eines Mörders vor Gericht. Er wird es vielleicht sagen, weil er seinen Mandanten vor einer Strafe bewahren möchte; wenn klar ist: der Mann hat den Mord begangen, aber der Verteidiger rechnet sich eine Chance aus, daß das Gericht den Mörder für verrückt oder unzurechnungsfähig erklärt. Wäre der Verteidiger erfolgreich, so bedeutete dies, der Mann würde nicht mehr wie ein bösartiger Krimineller behandelt, sondern wie ein bedauernswerter Patient, der an einer Krankheit leidet. Dies weist darauf hin, daß Verantwortlichkeit etwas mit Schuld zu tun hat, die Voraussetzung für Strafe und damit zusammenhängende Begriffe.

(9) Unterschwellige Ängste

Eng verbunden mit der Notwendigkeit, das soziale Umfeld einer Frage oder Aussage zu betrachten, ist die Berücksichtigung der Stimmungen oder Gefühle dessen, der sie vorbringt. Oft entstehen begriffliche oder philosophische Fragen aufgrund unterschwelliger Angst: Lebensfragen stellen gewohnte Denkmuster in Frage und machen uns unsicher. Die Frage »Sind wir jemals wirklich frei?« mag zum Beispiel aufkommen, weil viele Leute das Gefühl haben, die moderne Psychologie bedrohe durch die Entdeckung immer weiterer Gründe für das menschliche Verhalten bis zu einem gewissen Grad unsere Freiheit. Deshalb werden dann Fragen gestellt wie: »Ist nicht vielleicht *alles*, was wir tun, irgendwie psychologisch determiniert?« oder: »Sind wir jemals wirklich frei?« Die unterschwellige Angst besteht hier in dem Gefühl, daß man bisher glaubte, seine Handlungen *unter Kontrolle* zu haben, sich jetzt aber nicht mehr so sicher ist. Dies sollte man festhalten, denn der Begriff, »etwas unter Kontrolle haben«, ist wichtig, um den Begriff der Freiheit zu verstehen.

(10) Praktische Ergebnisse

Begriffliche Fragen sind oft irreführend, weil wir nicht ohne Einschränkung von »richtigen« oder »falschen« Antworten reden können. Deshalb sind wir vielleicht manchmal im Zweifel, ob einige dieser Fragen überhaupt irgendeinen Sinn oder eine Bedeutung haben. Die Fragen werden nun aber tatsächlich gestellt und erfordern irgendeine Antwort, und da Menschen etwas mit ihnen beabsichtigen, haben sie auch einen gewissen Sinn und eine Bedeutung. Manchmal können wir den Sinn und die Bedeutung aber nur vermuten, und eine Möglichkeit, unsere Vermutungen rational und nicht gefühlsmäßig zu begründen, besteht darin, sich die praktischen Folgen für das tägliche Leben anzusehen, wenn wir mit »Ja« oder »Nein« antworten würden. Angenommen, jemand fragt: »Woher wissen wir, daß nicht alles Illusion ist?« oder: »Ist das ganze Leben nur ein Traum?« Es sieht so aus, als mache es keinen praktischen Unterschied, wie wir antworten. Nehmen wir an, wir sagten, daß alles Illusion oder das ganze Leben ein Traum sei. Wie steht's damit? Würde es sich überhaupt auf unser Verhalten auswirken? Würde es etwas an unserem bisherigen Verhalten ändern? Sicherlich nicht, und das läßt vermuten, daß die Frage (obwohl sie einen gewissen Sinn oder eine Bedeutung haben mag) die unterschwellige Sorge oder den Zweifel des Fragenden nicht besonders gut ausdrückt. Mit anderen Worten, die Formulierung dieser Frage ist völlig mißglückt, denn für jede echte oder sinnvolle Frage macht es einen praktischen Unterschied, welche Antwort gegeben wird. Weil der Begriff *Illusion* und *Traum* überhaupt nur zusammen mit den entgegengesetzten Begriffen *Wirklichkeit* und *Wachen* sinnvoll ist, können wir an diesem Beispiel sehen, daß nicht klar ist, in welchem Sinn, falls es überhaupt einen gibt, »*alles* ist ein Traum« oder »*alles* ist illusorisch« zu verstehen ist. Es ist so, als ob man sagte, daß *alles* Geld Falschgeld sei. Wenn wir dies erst einmal erkannt haben, haben wir die Möglichkeit, dem näherzukommen, worauf der Fragende wirklich hinaus will. Vielleicht hat er zum Beispiel erkannt, daß einiges, das er für wirklich nahm, tatsächlich illusorisch war, und dies bringt ihn darauf, sich zu fragen, ob alles illusorisch ist. Dies ist dem Beispiel in (9) vergleichbar, wo jemand erkennt, daß die bisher für frei gehaltene Handlung tatsächlich determiniert war, und der sich deshalb ganz allgemein fragt, ob überhaupt

irgendeine Handlung frei ist. Solche Fragen führen dazu, daß wir uns mit sehr allgemeinen Begriffen (Freiheit, Wirklichkeit usw.) auseinandersetzen, um unsere Sicherheit zurückzugewinnen und unsere Zweifel auszuräumen.
Wenn wir mit vernünftiger Überlegung der praktischen Folgen einer Ja- oder Nein-Antwort beginnen, erkennen wir, welche Begriffe den Fragenden wirklich beschäftigen.

(11) Folgen für die Sprache

Wörter werden mehrdeutig gebraucht, und es ist nicht immer möglich, *die* Bedeutung eines Wortes anzugeben. Deshalb befinden wir uns oft in einer Situation, wie wir sie in (2) beschrieben haben, daß wir nämlich sagen müssen: »Ja, wenn du *abc* mit dem und dem meinst, dann lautet die Antwort so, wenn du aber *xyz* damit meinst, dann so.« Wir können in Wirklichkeit aber darüber hinausgehen. Denn selbst wo Wörter so vage sind, daß ihnen keine zentrale Bedeutung zugeschrieben werden kann, ist es einfach vernünftiger oder nützlicher, eher diese als jene Bedeutung anzunehmen. Das Wort »Demokratie« hat kaum eine zentrale Bedeutung. Es hat sicherlich etwas mit der Vorstellung zu tun, daß das Volk eine gewisse Kontrolle über die Regierung ausübt, viel mehr können wir aber auch nicht sagen. Wir könnten verschiedene Beispiele anführen, in denen das Wort »Demokratie« Verwendung fand, etwa Athen im 5. Jahrhundert, die Vereinigten Staaten im letzten, Großbritannien in diesem Jahrhundert oder auch »Volksdemokratien«. Hier wird überall eine gewisse Kontrolle vom Volk ausgeübt. Die Beispiele zeigen also alle, daß dies zum Begriff der Demokratie gehört. Das Wort »Demokratie« sollte in unserer Sprache nun einen nützlichen Zweck erfüllen. So wäre es nützlich, hätten wir ein Wort, das wir dem Wort »Totalitarismus« gegenüberstellen könnten, um einen Staat zu beschreiben, in dem es gestattet ist, ohne zu viele Beschränkungen gegen die Regierung zu opponieren. Deshalb werden wir vielleicht die Bedeutung des Wortes »Demokratie« so festlegen, daß die Sowjetunion (einmal in diesem Sinn als totalitär und restriktiv angenommen) ausgeschlossen, England aber eingeschlossen wird. Falls wir dies nicht tun – und es gibt im Grunde genommen nichts, was uns dazu zwingt –, müssen wir nur ein anderes Wort erfinden, das wir dem Wort »Totalitarismus« gegenüberstellen können. Ebenso könnten wir sagen, daß für uns in keinem Staat das Volk *genügend* Kontrolle über die Regierung ausübt, um ihn wirklich demokratisch zu nennen. Dann haben wir aber das Wort so eng festgelegt, daß es uns nicht mehr von Nutzen ist. Wir haben uns dann selbst die Möglichkeit genommen, irgendeinen Staat demokratisch zu nennen, und das Wort aus unserem Wortschatz entfernt. In dieser Hinsicht müssen wir die »Folgen für die Sprache« berücksichtigen, wenn wir über Wortbedeutungen entscheiden oder Begriffsbereiche eingrenzen. Wir müssen also das *nützlichste* Merkmal für den Begriff herausfinden. Wenn (aber nur wenn) wir den Begriff analysiert und die ganze Breite seiner möglichen Anwendungen festgestellt haben, werden wir am Ende sagen dürfen: »Unter all diesen möglichen Bedeutungen des Wortes Soundso, scheint es am vernünftigsten und sinnvollsten zu sein, es das und das bedeuten zu lassen, denn dann können wir es mit dem größtmöglichen Nutzen anwenden.«

Diese Techniken werden noch einleuchtender, wenn wir sie auf Analysebeispiele anwenden; und ich werde mich besonders auf sie beziehen, wenn wir einige Beispiele durchgehen. Vorher muß aber noch erwähnt werden, daß nicht alle in allen Fällen gleich hilfreich sind. Wenn wir einen bestimmten Begriff analysieren, kann es sein, daß es nicht viel hergibt, das soziale Umfeld, die praktischen Folgen oder die unterschwelligen Ängste zu untersuchen, denn es kann dies entweder völlig klar sein oder unwichtig oder auch beides. Untersuchen wir also irgendeinen abstrakten oder wissenschaftlichen Begriff, wie zum Beispiel den Begriff der

Unendlichkeit in der Mathematik oder den Begriff des Konjunktivs in der Grammatik, dann stehen soziologische Überlegungen nicht an. Natürlich könnten wir argumentieren, daß Klarheit, die hier gewonnen wird, auch der Mathematik und Grammatik und damit unserem Erziehungssystem zugute käme und am Ende der Entwicklung unserer Gesellschaft, aber all dies ist nicht von besonderer Wichtigkeit. Die Bedeutung des Wortes »gut« mag nicht so leicht zu erhellen sein wie die des Wortes »Fisch«, dennoch müßten wir nicht viele Modellfälle, Grenzfälle usw. des Begriffs »Güte« heranziehen, um eine ziemlich eindeutige Vorstellung zu erhalten. Wichtiger ist es, darüber nachzudenken, wie das Wort von Leuten in unserer Gesellschaft verwendet wird, denn es ist ein gebräuchliches Wort, dessen tatsächliche Bedeutung nicht von einer Anzahl formaler Regeln bestimmt wird (in der Weise wie »Unendlichkeit« in der Mathematik). Und auf der anderen Seite sind das soziale Umfeld, in dem es gebraucht wird, die praktischen Folgen eines bestimmten Gebrauchs und die unterschwelligen Ängste hinsichtlich absoluter Werte, Ideale usw. komplex und wichtig.

In der Praxis ist es das beste, die Techniken der Reihe nach durchzugehen. Anfangen sollte man mit Modellfällen, entgegengesetzten und verwandten Fällen, Grenzfällen und, falls erforderlich, erdachten Fällen. Wenn man das eine Zeitlang gemacht hat, wird die Verwendungsweise des Begriffs einigermaßen deutlich werden. Im Anschluß daran kann man sich dann der Frage nach dem sozialen Umfeld, den unterschwelligen Ängsten (falls vorhanden), den praktischen Folgen und den Folgen für die Sprache zuwenden. Wie wir gesehen haben, ist nicht alles in allen Fällen sinnvoll, es lohnt sich aber immer, die jeweilige Technik auszuprobieren, um zu sehen, ob sie möglicherweise zu einem Ergebnis führt. Mit genügender Praxis entwickelt man ein Gefühl für Begriffe, das einem erlaubt, den bestmöglichen Nutzen aus den entsprechenden Techniken zu ziehen.

3. *Sprachschwierigkeiten*

Es ist bekannt, daß uns beim Diskutieren, Lesen, Schreiben oder beim Äußern von Behauptungen gewisse Schwierigkeiten und Tücken in unserem Sprachgebrauch bewußt werden. Einige besonders offensichtliche sind jedem bekannt und gehören in die allgemeine Rubrik »Klares Denken«: Wie vermeidet man Trugschlüsse, wie deckt man Vorurteile auf usw. Für unseren Zweck ist es allerdings wichtiger, auf die Schwierigkeiten aufmerksam zu machen, die nicht so deutlich zutage treten. Wir erliegen ihnen einfach deshalb, weil wir, anstatt über die Sprache zu verfügen, in Wirklichkeit von der Sprache beherrscht und bestimmt werden, denn wir lassen es zu, daß Wörter unser Denken lenken, anstatt dies selbst bewußt und kritisch zu tun. Ebenso wie die Psychoanalyse uns von der uns unbekannten Beherrschung durch unsere eigenen Emotionen und Gefühle befreien will, so lehrt uns die Begriffsanalyse, Tücken der Sprache zu vermeiden, die nur deshalb gefährlich sind, weil wir uns ihrer nicht bewußt sind.

(1) Der Glaube an abstrakte Gegenstände

Dies ist ein grundlegender Irrtum, der allerdings schwer zu vermeiden ist, denn er scheint in unserem Denken und folglich in unserer Sprache verwurzelt zu sein. Wir neigen zu der Annahme, abstrakte Nomen – besonders solche, die emotional beladen sind, wie »Gerechtigkeit«, »Liebe«, »Wahrheit« usw. – seien die Namen abstrakter oder idealer Gegenstände, die sich irgendwo, wenn nicht auf der Erde, dann im Himmel, als *Dinge*, genannt »Gerechtigkeit«, »Liebe« und »Wahrheit«, auffinden ließen. Folglich glauben wir, mit der Begriffsanalyse den abstrakten Dingen auf die Spur zu kommen und sie sichtbar machen zu können, anstatt die Begriffsanalyse als das zu nehmen, als was wir sie beschrieben haben. Die Frage »Was ist Gerechtigkeit?«

behandeln wir wie die Frage »Welches ist die Hauptstadt von Japan?«, ohne sie als verborgene Aufforderung zu betrachten, den Begriff »Gerechtigkeit« zu analysieren. Die meisten von uns (abgesehen von bestimmten Philosophen) kommen gar nicht auf den Gedanken, es gäbe abstrakte Dinge, die man »Dreieck«, »Symmetrie« oder »Röte« nennt. Besonders im Hinblick auf moralische Begriffe sind wir aber zu leicht versucht, so etwas anzunehmen. Wenigstens zu Beginn sollten wir uns an die gute, wenn auch etwas starre Arbeitsregel halten, abstrakte Nomen so wenig wie möglich zu gebrauchen, und lieber die Verwendung von »gerecht«, »wahr« usw. ansehen, als der »Gerechtigkeit« oder »Wahrheit« auf die Spur kommen zu wollen. Die Annahme abstrakter Gegenstände ist Teil der allgemeinen Neigung, Wörter für Dinge zu halten, anstatt einfach für konventionelle Zeichen oder Symbole (was sie sind).

(2) Verwechslung von Tatsache und Wert

Wie wir schon oben (1, S. 27) festgestellt haben, gibt es Fragen, die eine Begriffsanalyse und ein Werturteil erfordern, wie zum Beispiel: »Sollten Menschen in Anstalten für geistig Behinderte jemals bestraft werden?« Wörter ebenso wie Fragen und Aussagen können in diesem Sinn doppeldeutig sein. Einige Wörter (»gut«, »sollte«, »richtig«) sind manchmal nichts anderes als ein wertender Ausdruck, ihre einzige Funktion besteht dann darin, etwas zu billigen, zu verwerfen, zu loben, zu tadeln usw. Andere Wörter (»Ehrlichkeit«, »stehlen«, »ehrenhaft«, »gerecht«) haben eine Tatsachenbedeutung wie auch eine implizite Wertbedeutung, andere wiederum (»natürlich«, »normal«, »reif«) einmal nur eine Tatsachenbedeutung, ein andermal eine zusätzliche Wertbedeutung. So bedeutet »gut« also »bewährt« oder »empfehlenswert«, »stehlen« »sich jemandes Eigentum aneignen« und gleichzeitig eine Mißbilligung. Das Wort »normal« bedeutet entweder »was die meisten Menschen tun« oder auch »was die meisten Menschen tun« und gleichzeitig eine Billigung. Es ist äußerst einfach, einer Aussage unbewußt einen Wert beizulegen. Auch wenn natürlich gegen Werturteile, wenn sie erforderlich sind, nichts einzuwenden ist, muß man sich darüber im klaren bleiben, wann man sie anbringt.

(3) Unbemerkte Implikationen

Einige Wörter verschleiern auf sehr subtile Weise Voraussetzungen, die man nicht akzeptieren darf, wenn man die Frage richtig beantworten will. Die Frage »Wenn die Natur so wohlgeordnet ist, muß es darin nicht einen Gott geben?« kann nur angemessen beantwortet werden, wenn wir zunächst erkennen, daß das Wort »geordnet« ebenso wie die Wörter »geplant« oder »entworfen« normalerweise eine Person voraussetzen, die ordnet (plant oder entwirft). Natürlich kann man oberflächlich, aber immer noch richtig, von etwas gut Geordnetem, Geplantem oder Entworfenem sprechen, ohne eine solche Person vorauszusetzen, und zwar vielleicht in dem Sinn, wie wir alle über die Wunder der Natur staunen und zugeben, daß die Natur »gut geordnet« ist. Es ist nicht wesentlich, für welchen Sinn wir uns entscheiden; aus dem ersten folgt natürlich notwendig, daß es jemanden geben muß, der ordnet (den man, wenn man will, Gott nennen mag), denn das ist Teil der Wortbedeutung; aber dann drängt es uns, weiterzufragen, ob die Natur in diesem Sinn gut geordnet *ist*, d. h., ob wir die Existenz Gottes annehmen müssen. Und damit ist in dieser Frage nichts erreicht.

(4) Tautologie

Oft genug versuchen Leute, ihre Meinungen dadurch zu verteidigen, daß sie ihre Aussagen auf Tautologien reduzieren, d. h. auf Aussagen, die notwendig wahr sind, weil der

Sprecher sie so definiert hat, daß sie wahr sein müssen. Nehmen wir an, wir versuchten die Frage zu beantworten »Kommen in allen Shakespeare-Tragödien Bösewichte vor?« Wir könnten zunächst an Jago in *Othello* denken, an Edmund in *König Lear* usw. und zu der Auffassung gelangen, die richtige Antwort sei »ja«. Wenn jemand aber sagt: »Wie steht es dann mit *Julius Caesar* oder *Antonius und Kleopatra*?« versuchen wir unsere Meinung abzusichern, indem wir sie tautologisch machen. Das wäre auf zwei Arten möglich. Entweder könnten wir sagen: »Das sind gar keine richtigen Tragödien«, oder wir könnten sagen: »Antonius in *Julius Caesar* und Kleopatra in *Antonius und Kleopatra* sind durchaus Bösewichte.« Wir könnten Gründe haben, dies zu behaupten, und Merkmale anführen, nach denen die zwei Schauspiele nicht unter den Begriff »Tragödie« fallen oder die beiden Charaktere unter den Begriff »Bösewichte«, aber zumindest hier ist das wenig wahrscheinlich. Wenn etwas eine Tragödie ist, dann *Julius Caesar*, und Kleopatra und Antonius sind keine Bösewichte wie Jago und Edmund. Wir wollen wahrscheinlich einfach an unserer Auffassung festhalten. Es hat aber keinen Sinn, das zu tun, denn im Grunde sagen wir jetzt: »Es gibt für mich keine Tragödie, in der nicht ein Bösewicht vorkommt« oder aber: »Falls ich etwas als Tragödie bezeichne, muß darin mindestens ein Bösewicht vorkommen.« Das ist unlauter, und vor allem: es interessiert niemanden besonders. Es wäre leicht, Fragen zu beantworten, wie es einem gefällt, wenn man Wörter für sich zu vereinnahmen und ihnen eine persönliche Bedeutung geben dürfte.

(5) Bedeutungserweiterung

Es ist zwar nicht verboten, die normale Wortbedeutung zu erweitern; es ist aber insofern gefährlich, als wir oft genug versucht sind, es nur zu tun, um einen bestimmten Standpunkt zu verteidigen. Fatal wird es aber, wenn wir die

Bedeutung so sehr erweitern, daß das Wort im Grunde nichts mehr aussagt. Nehmen wir an, wir sehen uns mit der folgenden Frage konfrontiert: »Haben alle Romane eine politische Aussage?« Wir könnten sie auf mindestens drei verschiedene Weisen angehen. Die vernünftigste Art und Weise (a) bestünde wohl darin, sich daran zu erinnern, daß wir normalerweise das Wort »politisch« nur auf einige wenige Romane anwenden, zu denen wir etwa Huxleys *Schöne neue Welt*, Orwells *Farm der Tiere* und *1984* usw. rechnen. Wir könnten uns (b) aber auch dafür entscheiden, das Wort »politisch« oder mindestens den Ausdruck »hat eine politische Aussage« zu erweitern, damit es mehr abdeckt als unter (a). Auch Bölls Erzählung *Die verlorene Ehre der Katharina Blum* zum Beispiel würde dazu zählen, weil sie uns einen Einblick in die »politischen« Methoden der Presse gibt (in einem eindeutig erweiterten Sinn von »politisch«). Wir könnten sogar sagen, daß »antikapitalistische« Romane, die das unmoralische Verhalten oder die Geldgier von Wirtschaftsbossen zum Thema haben, in diesem Sinne »politisch« sind. Würden wir aber (c) auch den Romanen von Gottfried Keller, Thomas Mann, Hermann Hesse und Peter Handke eine primär politische Bedeutung zusprechen, dann hätten wir das Wort »politisch« bis zur Bedeutungslosigkeit erweitert.

(6) Wunder

Schließlich sind noch die häufig vorkommenden Fehler zu erwähnen, die sich gar nicht in ihrem vollen Umfang aufzählen lassen. Diese Fehler resultieren aus dem Einfluß, den die Sprache selbst auf uns ausübt. Wenn wir diese Fehler machen, denken wir fast immer (wenngleich in der Regel unbewußt) in naiven, kindlichen Bahnen, so als ob wir an Wunder glaubten und nicht daran, was wir mit unserem Verstand beobachtet und gelernt haben. Der Glaube an abstrakte Gegenstände (1, oben) ist nur ein Beispiel dafür.

Wenn wir sagen: »Die Anziehungskraft verursacht, daß der Stein fällt« besteht die Gefahr nicht nur darin, daß wir uns einbilden könnten, es gäbe ein abstraktes *Ding* oder eine *Kraft*, die man Anziehungskraft nennt (obwohl wir im Grunde nichts weiter wahrnehmen, als daß sich verschiedene Gegenstände auf immer gleiche Weise verhalten), sondern auch darin, daß wir das Wort »verursachen« zu wörtlich nehmen. Niemand hat den Stein gezwungen zu fallen, er fällt einfach, wie es Steine und andere Gegenstände tun, wenn sie fallengelassen werden. Wenn wir sagen, die Dinge »gehorchen« den »Naturgesetzen«, reden wir märchenhaft, weil wir so tun, als sei die Natur menschlich oder als steckten kleine Menschen mit einem eigenen Willen in den Dingen. Diese Neigung ist tief in unserem Denken verwurzelt und war der Grund für andauernde Verwirrungen und Unklarheiten zu Beginn des naturwissenschaftlichen Denkens der Neuzeit. Heutzutage ist sie der Grund für Schwierigkeiten, die wir mit Problemen im menschlichen Bereich, d. h. mit Problemen der Moral, der Psychologie usw., haben.

4. Der Stil

Äußerst wichtig ist der Stil, in dem wir unsere Begriffsanalysen formulieren oder Begriffsfragen beantworten. Es geht nämlich nicht darum, welcher Sprech- oder Schreibstil gut wirkt oder klingt, sondern welcher Stil der Sache am angemessensten ist; man verbaut sich hier selbst den Weg, wenn man den falschen Stil wählt. Es ist zum Beispiel völlig unmöglich, eine klare und vernünftige Begriffsanalyse in einer rhetorischen, wortreichen oder einer zu knappen Sprache durchzuführen.

Wichtig ist, selbst wenn man nicht dazu aufgefordert wird, die Analyse so stimmig wie möglich aufzubauen und in einer endgültigen Fassung schriftlich niederzulegen. Wenn man dies nicht tut oder nicht wenigstens dazu bereit ist, kann man ihre Schwächen nicht erkennen. Gedanken und Vorstellungen, die einem klar und schlüssig erschienen, erweisen sich oft als verworren und unvollständig, wenn man sie zu Papier bringen will. Das Bemühen um Formulierung der Überlegungen hat eine Art Filter- und Korrekturfunktion und kommt besonders bei unserem Unternehmen den Gedanken selbst zugute. Deshalb ist es sehr wichtig, Stil- und Ausdrucksweise entsprechend zu wählen, denn durch eine gewisse Sicherheit im Stil wird das Analysieren einfacher und die Analyse ergiebiger.

Das einzig wichtige Kriterium für die Qualität des Stils also ist, daß er *sachgerecht* sein muß. Das heißt vor allen Dingen, klar und zielorientiert und nicht umständlich oder dunkel. Weiter bedeutet es, sich kurz zu fassen, aber nicht so, daß der Leser sich fragt, was wohl gemeint sein könnte. Außerdem verlangt ein guter Stil natürlich eine übersichtliche Gliederung, sichere Interpunktion usw., eine besonders wichtige Voraussetzung für das Schreiben einer Begriffsanalyse. Die Anwendung grammatikalischer Regeln, (wozu auch die Interpunktion gehört), verhilft zu größerer logischer Klarheit, und Klarheit ist das A und O dieses Unternehmens. Man sollte alle zur Verfügung stehenden Mittel ausnutzen, die logisch einleuchtend sind und dabei Rhetorik, verkürzende Zuspitzung und Zitate (sofern sie nicht relevant und erhellend sind) sowie alle anderen Stilmittel dieser Art vermeiden. Analogien können oft hilfreich sein, um einen bestimmten Gedanken zu verdeutlichen, aber jede Art von schwülstiger Sprache (»glanzvolle Stellen«, Metaphorik und ähnliches) ist gefährlich.

Das vielleicht Wichtigste, was beim Schreiben angestrebt werden sollte, ist *Aufrichtigkeit*. Jeder, der absichtlich zu seinem Vorteil einen bestimmten Punkt zu verschleiern sucht oder sich mit einem Schluß zufriedengibt, von dem er genau weiß, daß er nicht aus dem folgt, was er vorher gesagt hat, betrügt sich natürlich von Anfang an selbst. Aber es gibt auch unbewußte Arten der Unaufrichtigkeit, die schwerer aufzudecken und zu korrigieren sind. Wenn man anfängt, etwas zu schreiben, oder gerade etwas geschrieben hat, hilft es, sich zu fragen: »Meine ich das *wirklich* so?«, »Will ich das *wirklich* sagen?« oder: »Ist das *wirklich* wahr?« Das Analyseverfahren ist dialektisch, keine Aussage ist vollkommen und absolut vollständig, und insofern ist keine Aussage jemals völlig befriedigend. Man kann aber der Wahrheit näherkommen, indem man sich die Unzulänglichkeit der eigenen Aussagen – daß sie genauer gefaßt werden müssen, daß etwas zu ergänzen ist, was alles in Frage stellt usw. – beharrlich vor Augen führt.

Vielleicht ist der eigentliche Grund, weshalb eine hochgestochene oder schwülstige Sprache vermieden werden sollte, der, daß sie nicht nur dem Leser, sondern auch dem, der schreibt, den Blick verstellt. Der Vorteil eines einfachen und klaren Stils ist nicht nur der einer besseren Lesbarkeit, sondern daß sich Fehler auf diese Weise leichter feststellen und folglich leichter ausräumen lassen. In diesem Zusammenhang gibt es eine direkte Parallele zum Verhalten gegenüber anderen Menschen. Wenn man sich anderen gegenüber offen und ehrlich verhält, so hat das nicht nur den Vorteil, daß die anderen wissen, woran sie sind, sondern vor allem auch, daß man selbst weiß, woran man mit ihnen ist. D. h., man erkennt seine wahren Gefühle anderen gegenüber, weil man nicht versucht zu schauspielern oder sich übervorsichtig und unaufrichtig oder überschlau zu verhalten. Aufrichtig sein bedeutet, direkt, eindeutig und offen zu sein und ständig Rechenschaft darüber abzulegen, was man tut oder sagt, also ständig zu versuchen, seine Absichten und Gefühle mit den Taten oder Worten in Einklang zu bringen. Ein zwar schwieriges, aber höchst lohnendes Unterfangen.

Im folgenden Kapitel werde ich einige Beispiele der Begriffsanalyse anführen, die zeigen sollen, wie man sich kritisch in einer Art innerem Dialog mit Texten anderer auseinandersetzen kann, was »Modell«-Antworten auf Begriffsfragen sind, was in bezug auf die Logik einiger interessanter

Begriffe anzumerken ist usw. Ich möchte nachdrücklich betonen, daß Sie weder den Stil noch den Inhalt in irgendeiner Weise als »vorbildlich« verstehen sollen. Ob Sie dem Gesagten zustimmen oder nicht, ist nicht so wichtig, auch nicht, ob die »Modell«-Antworten wirklich modellhaft sind. (Mindestens in einem Sinne können sie es gar nicht sein, denn für die meisten Begriffe gibt es keine erschöpfenden Analysen, zudem rühren einige Begriffe an die Wurzel höchst komplexer philosophischer Probleme.) Falls Sie ihnen nicht zustimmen und Ihre Kritik durch eigene Überlegungen gestützt wird oder wenn Sie logische Fehler oder Ungenauigkeiten entdecken oder gar wenn Sie meinen, daß grundlegende oder systematische Irrtümer vorliegen – um so besser. Wichtig allein ist die *Methode des Vorgehens.* Es gibt bei der Begriffsanalyse keine »umfassende Antwort«, sondern nur eine Reihe logischer Überlegungen von mehr oder weniger großem Wert. In zweierlei Hinsicht ist es nützlich, dies im Gedächtnis zu behalten, denn zum einen bewahrt es Sie davor, Unmöglichem nachzujagen, und zum anderen ermutigt es, eigene logische Überlegungen anzustellen, die etwas Sinnvolles beitragen. Ein Philosoph, der meint, er habe überhaupt nichts zu einer Sache zu sagen, hat entweder unnötigerweise resigniert oder ist einfach zu bequem; und einer, der glaubt, er habe alles gesagt, was es überhaupt dazu zu sagen gibt, sollte noch einmal darüber nachdenken.

C. Anmerkungen

Zwei Dinge sind für dieses Kapitel und für das Buch insgesamt von Bedeutung. Beide sind recht kompliziert, aber zum Verständnis des Buches nicht unbedingt notwendig. Jeder, der sie schwierig und verwirrend findet, sollte diese Stelle überschlagen und später auf sie zurückkommen. Ich habe sie allerdings hier eingefügt, weil sie hauptsächlich für dieses Kapitel von Bedeutung sind.

1. Ein Name für die Techniken

Es ist für den Leser vielleicht hilfreich, den Techniken, die wir hier besprechen, einen Namen zu geben, und die Suche nach einer Bezeichnung könnte dazu beitragen, besser zu verstehen, was es eigentlich für Techniken sind. Anders ausgedrückt: Obwohl es schwierig ist, die Techniken zu bezeichnen, könnte es sein, daß sich diese Schwierigkeiten als Vorteil erweisen, weil wir dadurch erkennen, inwiefern sie den Lerngegenständen anderer Fächer gleichen und inwiefern sie anders sind.

Würde man die Techniken »Logisches Denken« nennen, wäre das in gewisser Weise informativ, in anderer Hinsicht aber irreführend. Wie die meisten geistigen Tätigkeiten haben sie sicherlich etwas mit Denken zu tun und sicher auch mit »logischem« Denken. Nun gehört aber natürlich der Begriff Logik genau zu der Art von Begriffen, die wir oben beschrieben haben, es ist ein unklarer Begriff, dessen Eigenarten genauer bestimmt werden müßten. Man kann zum Beispiel mit »logisch« das meinen, was normalerweise als »formale Logik« bezeichnet wird. Dies ist in der Tat ein »Fach«, ursprünglich von Aristoteles definiert, das sich mit den Regeln und Methoden formaler Argumentation von der Art »Alle Menschen sind sterblich. Sokrates ist ein Mensch: deshalb ist Sokrates sterblich« befaßt. Wie wichtig dieses Fach auch immer sein mag, wir sprechen von etwas anderem. Unsere Techniken sind viel informeller und weniger streng; eigentlich wäre »Informelle Logik« kein schlechter Name für sie, allerdings auf Anhieb nicht verständlich genug. Andere, die den Ausdruck »logisches Denken« hören, könnten meinen, es handele sich einfach um einen anderen Ausdruck für »folgerichtiges« oder »klares Denken«. Auch hierüber wurden schon Bücher geschrieben, obwohl es sich vielleicht nicht um ein so klar definiertes »Fach« wie formale Logik handelt. In solchen Büchern wird einem geraten, Vorurteile zu vermeiden, sich zu beherrschen, auf Trugschlüsse in der Argumentation zu achten, die Tatsachen zu überprüfen, bei der Sache zu bleiben usw. Aber »logisches Denken« mit »klarem Denken« zu übersetzen könnte die Tatsache verschleiern, daß »logisch« viel mehr bedeuten kann als nur »vernünftig« oder »klar«, denn wie wir gesehen haben, gibt es bestimmte neue und spezielle Techniken, die sich mit Wörtern, Bedeutungen, Überprüfungen, Begriffen und Merkmalen befassen und die man vernünftigerweise eher »Techniken der Logik« als »Techniken des Nachdenkens« nennen sollte. Weder die formale Logik noch »klares Denken« vermitteln uns eine zufriedenstellende Vorstellung von dem, was wir »logisches Denken« genannt haben.

Ebenso könnten wir geneigt sein, das, was diese Techniken leisten, als typisch philosophische Arbeit anzusehen. Aber der Begriff der Philosophie ist ebenso unklar, und er ist gerade gegenwärtig umstritten. Er würde in diesem Zusammenhang in die Irre führen, weil er weit mehr einschließt als unsere Techniken. Er umfaßt, um nur einen Bereich zu nennen, allgemeine und grundsätzliche Ratschläge, wie man leben sollte (wie sie etwa von einem »Ratgeber, Philosophen und Freund« gegeben werden), und darin sehen wir nicht unsere Aufgabe. Sicherlich werden unsere Techniken häufig und erfolgreich von modernen Philosophen angewandt, besonders in England und Amerika. Grund genug, sie als wichtig für die Philosophie in jedem Wortsinn anzusehen und sogar zu glauben, daß jeder, der Philosophie studieren will, sie beherrschen lernen sollte. Die Techniken aber kurz als »Elementarphilosophie« zu bezeichnen, wäre ein unfairer Versuch, den Begriff Philosophie zu vereinnahmen.

Viele andere Namen und Bezeichnungen könnten überlegt werden – und sich als unzureichend herausstellen. Wie wäre es mit »Analyse allgemeiner Begriffe«? Dies ist zwar eine einigermaßen zutreffende Bezeichnung, aber wie viele Bezeichnungen, die genau sind, sagt sie wenig über die Sache selbst aus: Genauigkeit wird um den Preis der Unverständlichkeit erreicht. Man könnte auch sagen »Wie man Wörter gebraucht«. Wieder eine annehmbare Bezeichnung – aber sie könnte sich ebensogut auf eine Grammatik beziehen, ein Lehrbuch zur Erweiterung des Wortschatzes oder gar auf eine Anleitung zur Rhetorik. Selbst »Die Bedeutung von Wörtern« käme nicht in Frage, denn damit könnte man auch ein Buch über die Herkunft der Wörter oder deren Wurzeln in verschiedenen Sprachen meinen, eine Etymologie, die zum Beispiel darüber Auskunft gibt, daß die Wörter »Kaiser«, »Schah« und »Zar« alle vom lateinischen »Caesar« stammen.

In Wahrheit gibt es keine Beschreibung dieser Techniken, die zugleich knapp, genau und umfassend ist. Entweder wählt man eine Bezeichnung, die genau, aber für den Laien nicht verständlich genug ist (»Logische Analyse« oder »Analyse allgemeiner Begriffe«), oder man wählt eine, die verständlich scheint, die aber sehr irreführend sein könnte (»Klares Denken« oder »Der Gebrauch von Wörtern«). Das kommt daher, weil diese Techniken mit Bewußtsein nicht oft angewendet werden, obwohl man feststellen kann, daß eine unbewußte Auseinandersetzung mit Begriffen selbst im Alltag durchaus vorkommt. Dafür gibt es nun verschiedene Gründe. Die Techniken (oder mindestens ihre bewußte Anwendung) sind ziemlich neu; die, welche sie anwenden – Leute, die in den letzten Jahrzehnten Philosophie an bestimmten Universitäten lehrten oder studierten – haben sich nicht besonders um ihre Verbreitung gekümmert; und: es gibt eine relativ große psychologische Abneigung, solche Techniken ernst zu nehmen und sich anzueignen. Diese Ergebnisse mögen wenig hilfreich und enttäuschend erscheinen, aber sie sollten uns wenigstens davon abhalten, die Techniken anderen »Fächern« zuzuordnen, die uns vertrauter sind, zum Beispiel so zu tun, als seien sie »nur eine Sache der Begriffsdefinition« oder »einfach klares Denken«. Man ist dauernd versucht, dies zu tun, aber es ist fatal, sich darauf einzulassen. Wie die meisten Techniken, die überhaupt

etwas wert sind, lassen sie sich nicht durch andere ersetzen. Ebenso wie ein Spiel einem anderen ähnlich sein mag, aber nicht richtig gespielt werden kann, wenn man nicht seine nur ihm zukommenden Eigenarten anerkennt.
Die Techniken, mit denen wir es hier zu tun haben, ergeben sich allerdings aus einer Richtung der Philosophie, wie sie in Oxford, Cambridge und andernorts in England und Amerika in den letzten fünfzig Jahren bestimmend war. Diese wurde oft zutreffend als »Sprachphilosophie« oder »Sprachanalyse« bezeichnet. Die Techniken in diesem Buch mögen – wie man will – als entlehnt, verwässert, weiterentwickelt, vereinfacht, übervereinfacht angesehen werden im Vergleich zu denen der Sprachphilosophie; das ist ohne Bedeutung. Der Hinweis könnte aber für den nützlich sein, der unsere Techniken in eine Art logischen oder historischen Zusammenhang bringen möchte. Die Sprachphilosophie ist der Bereich, der unserem am nächsten kommt. Dem, der mehr darüber wissen möchte, werden die Bemerkungen im dritten Kapitel des Buches gelegen kommen.

2. *Was ist ein Begriff?*

In diesem Kapitel habe ich so getan, als seien Begriffs- und Bedeutungsfragen identisch. Ich habe nämlich gesagt, die Frage »Ist ein Wal ein Fisch?« sei eine nach dem Begriff »Fisch«, und ich habe auch gesagt, es sei eine Frage nach der Bedeutung des Wortes. Weiter habe ich etwas ungenau von »unserer Vorstellung von einem Fisch« gesprochen, darüber, »wie wir das Wort ›Fisch‹ benutzen« usw. Ich habe damit eher verständlich als genau zu sein versucht. Mir ging es hauptsächlich um die Unterscheidung zwischen Begriffs- und Bedeutungsfragen und anderen Fragen (Tatsachenfragen, Fragen nach der moralischen Einstellung usw.). Dabei war es allerdings unvermeidlich, daß eine genaue Unterscheidung zwischen Begriffs- und Bedeutungsfragen zu kurz kam. Weil dies nun einige Leser bedenklich stimmen mag, will ich hier versuchen, etwas dazu zu sagen. Es kann kaum mehr als ein Versuch sein, denn wir stoßen dabei auf äußerst schwierige philosophische Probleme.

Zunächst muß vielleicht gesagt werden, daß es genau genommen gar nicht so etwas wie »die« Bedeutung eines Wortes gibt, folglich auch nicht »den« Begriff einer Sache. Wenn wir verkürzt von »der« Bedeutung eines Wortes sprechen, beziehen wir uns auf jene charakteristischen Elemente beim vielfältigen und unterschiedlichen Gebrauch des Wortes, durch die es von allen, die es verwenden, verstanden wird. Ebenso beziehen wir uns oft verkürzt auf all die verschiedenen Vorstellungen und deren Übereinstimmung, die einzelne Leute von einer Sache haben, wenn wir von *»dem«* Begriff einer Sache sprechen. Wir können also von »dem« Begriff der Gerechtigkeit reden, der von den alten Römern vertreten wurde; wir können aber ebenso von Ihrem oder meinem oder Ciceros Begriff der Gerechtigkeit sprechen, so wie wir oft auch sagen, »*Seine* Vorstellung von Gerechtigkeit ist soundso.« In keinem Fall aber dürfen wir annehmen, »der« Begriff von einer Sache sei etwas selbständig Existierendes.

Als nächstes lassen Sie uns kurz überlegen, wie wir dazu kommen, Begriffe zu bilden. Schon sehr früh lernt der Mensch, bestimmte Merkmale seiner Erfahrung zusammenzufassen und diese mit einem bestimmten Wort zu bezeichnen. So nimmt ein Kind zunächst eine Anzahl einzelner Erscheinungen oder Gegenstände wahr und beginnt dann, eine Sorte von Gegenständen von einer anderen zu unterscheiden. Es möchte zum Beispiel alle großen Gegenstände mit einer glatten Oberfläche zu einer Gruppe zusammenfassen. Sobald es das tut, fängt es an, einen Begriff zu bilden. In diesem Fall mag sein Begriff dem der Erwachsenen, die solche Gegenstände mit dem Wort »Tisch« bezeichnen, ungefähr gleichen. Das Kind würde aber einen Fehler machen, wenn es einfach alles mit einer glatten Oberfläche zusammenfaßte, denn dann schließt es Dinge ein, die wir

Konzertflügel oder Schrank nennen. Es gibt zwei Möglichkeiten, wie es seinen Begriff angleichen könnte. Erstens könnte es schließlich erkennen, daß nur bestimmte Gegenstände mit glatten Oberflächen dazu benutzt werden, Essen darauf zu servieren, und den Begriff entsprechend eingrenzen; und zweitens könnte es den Gebrauch des Wortes »Tisch« von den Erwachsenen lernen. Dies wiederum auf zwei verschiedene Arten: Das Kind könnte einfach ausprobieren, wie das Wort gebraucht wird, indem es auf den Konzertflügel zeigt und »Tisch« sagt und irgendein Erwachsener dann antwortet: »Nein, *das* ist kein Tisch, *dies* ist ein Tisch« (während er auf einen Tisch zeigt). Zum anderen kann einem bereits gut sprechenden und verstehenden Kind mit Hilfe anderer Wörter erklärt werden, was ein Tisch ist, indem der Erwachsene etwa sagt: »Tische sind das, woran du ißt.« Genauso könnte jemand, der nicht weiß, was ein Tiger ist, der keinen Begriff von einem Tiger hat, auf zwei Arten unterwiesen werden. Entweder könnte man ihn in einen Zoo führen, auf jedes Tier im Tigerkäfig zeigen und sagen: »*Das* ist ein Tiger und das und das« und ihm dann die anderen Käfige zeigen und sagen: »Aber das und das und das ist keiner«. Dies wäre ein sehr mühsamer und unsicherer Weg, dennoch würde jemand wohl schließlich zu einer annehmbaren Vorstellung von einem Tiger gelangen, wenn man ihm Tiere zeigte, die er fälschlicherweise für Tiger halten könnte (Jaguare, Leoparden, geflammte Katzen usw.), und betonen würde: »Nein, das ist kein Tiger.« Der andere Weg könnte eingeschlagen werden, wenn der Betreffende über einen ausreichenden Wortschatz verfügte, so daß man sagen könnte: »Tiger sind vierbeinige wilde Tiere, ganz wie Hauskatzen, nur größer, mit Streifen und einem langen Schwanz.«

Hieran können wir erkennen, daß Begriffe und Bedeutung sehr eng miteinander verbunden sind. Die Vorgänge, einen Begriff zu bilden und die Bedeutung eines Wortes zu lernen, mögen oft wie ein und derselbe Vorgang erscheinen. Dies ist aber keineswegs so. Es ist durchaus möglich, einen Begriff

(eine Vorstellung) von etwas zu haben, wofür es kein einzelnes Wort gibt – nicht einmal eines, das jemand sich für diese seine Vorstellung ausgedacht hat –, welches die Sache beschreibt. So könnte ich eine klare Vorstellung von einem Hund haben, den ich kaufen möchte, von Personen, die ich sympathisch finde, oder von der Stimmung, die typisch für bestimmte Gespenstergeschichten ist, ohne ein bestimmtes Wort zu kennen, um diese Dinge zu beschreiben. Im Gespräch mit anderen könnte ich mich darum bemühen, indem ich sage: »Ich möchte einen *verständigen* Hund« oder: »Ich mag *lebhafte* Menschen« oder: »Einige Geistergeschichten lassen einen *unerwarteten Schauer* aufkommen«. Keines dieser Wörter trifft genau die Merkmale, die ich beschreiben möchte. Vielleicht gibt es gar keine Wörter, die sie treffend beschreiben, trotzdem wäre es zweifellos im Prinzip immer möglich, sich solche Wörter auszudenken und sie anderen beizubringen.
Dies zeigt auch, daß man eine Vorstellung von etwas haben kann, ohne ein Bild im Kopf zu haben. Für viele Menschen ist es eine Hilfe, wenn sie sich ein deutliches Bild von etwas machen können. Als Kinder fingen wir vielleicht damit an, Begriffe zu bilden, indem wir uns etwas bildlich vorstellten, wenn wir es nicht direkt vor Augen hatten. Aber auch wenn ich in der Lage wäre (und wahrscheinlich täte ich es), mir bestimmte Hunde oder Menschen auszumalen, bei der Stimmung in bestimmten Gespenstergeschichten gelänge mir das kaum, selbst wenn meine Vorstellung darüber, welche einzelne Geistergeschichte diese Eigenschaft hat und welche nicht, ganz klar wäre. Es ist natürlich einleuchtend, daß Begriffe von Gerechtigkeit wie andere abstrakte Begriffe nicht mit einer bildlichen Vorstellung verknüpft zu werden brauchen. Wenn ich an Gerechtigkeit denke oder wenn ich das Wort »Gerechtigkeit« höre, kann es sein, daß ich mir tatsächlich etwas bildlich vorstelle. Ich denke vielleicht an eine Gerechtigkeitsstatue, die in der einen Hand ein Schwert und in der anderen eine Waage hält. Ein anderer denkt

möglicherweise an einen Richter, wieder ein anderer an einen Polizisten usw. Dies sind aber zufällige Assoziationen, obwohl sie natürlich so stark sein können, daß sie unser Denken und Reden durcheinanderbringen. Es wäre zum Beispiel möglich, daß ein kleines Kind seinen Begriff von einem Baum ausschließlich von einer riesigen Eiche im Garten gewinnt. Wenn es eine so enge Vorstellung beibehielte, müßten wir feststellen, daß es sich um einen sehr begrenzten Begriff handelt und daß das Kind sehr wenig Erfahrung mit Bäumen hat. Wenn es das Wort »Baum« nur im Sinne seines begrenzten Begriffs anwendet, müßten wir sagen, daß es die Wortbedeutung nicht richtig erfaßt hat. Die bloße Tatsache aber, daß es einen bestimmten Baum vor Augen hat, *während* es das Wort gebraucht, kann rein zufällig sein. Es wäre weder ein Beweis für einen sehr begrenzten noch für einen richtigen Begriff von Bäumen.

Wie wir festgestellt haben, hängen unser Gebrauch und unser Verständnis eines Wortes eng mit unserem Begriff von einer Sache zusammen. Wir bilden Begriffe, indem wir den Wortgebrauch lernen, und welche Begriffe wir entwickelt haben, läßt sich daran erkennen, wie wir die Wörter verstehen. Anders ausgedrückt: Unser Sprachgebrauch und Sprachverständnis wirkt sich in doppelter Hinsicht aus, als Hilfe bei der Begriffsbildung und als eine Überprüfung des Begriffs. Folglich könnten wir mit Recht sagen, daß die logischen Grenzen eines Begriffs dem Bedeutungsumfang eines Wortes entsprechen, zum Beispiel decken sich die Grenzen des Begriffs »Gerechtigkeit«, den jemand hat, mit denen, in welchen er das Wort »Gerechtigkeit« gebraucht und versteht. Das heißt nicht, daß der Begriff und die Bedeutung identisch sind, wohl aber daß sie miteinander parallel gehen oder denselben logischen Bereich abdecken. Solange wir uns nur mit dem logischen Begriffsumfang befassen, richtet man sich am besten nach dem logischen Bereich des Wortes, mit dem der Begriff normalerweise verknüpft wird.

Wenn wir also in diesem Buch vom »Begriff der Gerechtigkeit« sprechen und untersuchen, wie das Wort »Gerechtigkeit« angewendet wird, sollten wir jetzt wissen, daß die Suche nach Rechtfertigung für diese Anwendungsweisen nichts anderes ist als die Analyse des Begriffs »Gerechtigkeit«. Auf der einen Seite gibt es eine Vielzahl von Situationen im Leben (Schüler werden bestraft, Richter verurteilen usw.), auf der anderen ein Wort »Gerechtigkeit«, das auf verschiedene Weise gebraucht wird. Aufgrund dieser beiden Tatsachen bilden wir einen Begriff von Gerechtigkeit, und diesen zu analysieren heißt, uns die verschiedenen Anwendungsweisen des Wortes in unterschiedlichen Lebenszusammenhängen zu vergegenwärtigen. Damit versetzen wir uns in die Zeit zurück, als wir den Begriff bildeten, indem wir uns reale Situationen ins Gedächtnis rufen und überprüfen, ob das Wort »Gerechtigkeit« in diesen Situationen richtig gebraucht wurde.

Wenn wir abschließend die Frage »Was ist ein Begriff?« beantworten sollen, müssen wir einen gewissen Grad an Willkürlichkeit in unserer Antwort in Kauf nehmen. Unser ausschließliches Interesse in diesem Zusammenhang besteht in dem, was wir die logischen Seiten des Begriffs nennen könnten, d. h. seine Grenzen und Anwendungen, und diese können sprachlich analysiert werden. Ein Begriff, so wie er normalerweise im Deutschen gebraucht wird, kann aber ebenso psychologisch wie logisch betrachtet werden. Wir könnten uns schließlich für die Einzelheiten der Bilder interessieren, die jemand im Kopf hat, oder fragen, ob sein Begriff von Gerechtigkeit stark gefühlsbetont oder moralisch ist. All diese Überlegungen mögen ihre Berechtigung haben, und wir müssen festhalten, daß es schwierig ist, eine eindeutige Grenze zwischen den logischen Merkmalen eines Begriffs und seinen psychologischen Nebenbedeutungen zu ziehen. Wir sollten trotzdem bei unserer Aufgabe bleiben und die logischen Merkmale untersuchen.

II. Beispiele der Analyse

A. Kritik einzelner Textstellen

Eine der besten Arten, Übung im Analysieren von Begriffen zu bekommen, besteht darin, sich den Gebrauch oder Mißbrauch von Begriffen durch andere anzusehen, und in diesem Kapitel bringen wir einige Textstellen, welche die besondere Art von Begriffskritik erfordern, die wir untersucht haben. An dieser Stelle ist es angebracht, noch einmal zu wiederholen, daß diese Kritik nicht eine Sache der Formallogik ist und ebensowenig nur eine des gesunden Menschenverstandes. Einerseits geschieht es nur selten, daß wir einen Autor eines klassischen Trugschlusses überführen können, wie er in den Lehrbüchern der Logik steht; auf der anderen Seite ist es unangemessen zu sagen, eine Textstelle sei lediglich »konfus« oder »unklar«, der Autor »habe seine Termini nicht richtig definiert« oder er sei »voreingenommen«.

Tatsächlich geht es in solchen Textstellen darum, daß Begriffe falsch, oder, präziser ausgedrückt, nicht mit vollem Bewußtsein und in aller Deutlichkeit gebraucht werden.

Deshalb ist Begriffskritik vonnöten, und die Methoden der Analyse, von denen im ersten Kapitel die Rede war, werden sich hier als genauso hilfreich erweisen. Anstatt uns einfach von dem, was ein Autor schreibt, mitreißen zu lassen oder aber den ganzen Abschnitt abzulehnen, müssen wir uns bemühen, herauszufinden, in welcher Weise die Begriffe gebraucht werden. Wir müssen ausreichend Sympathie mit dem Autor haben, um zu merken, was mit den Begriffen passiert. Selten reden Autoren puren Unsinn, und gewöhnlich hat das, was sie sagen, irgendeine Plausibilität. Auf der anderen Seite müssen wir uns genügend kritische Aufmerksamkeit bewahren, um sofort reagieren zu können, wenn wir finden, daß die Begriffe verzerrt sind.

Zunächst wollen wir zwei längere Dialoge ansehen – einen aus dem 4. Jahrhundert v. Chr., den anderen aus unserem Jahrhundert –, dann einige kurze Textabschnitte von verschiedenen Autoren; zu allen werde ich einige logische Anmerkungen recht informeller Art machen.

1. Platons »Staat«

Dieser Abschnitt ist eine Übersetzung eines Teils des 1. Buches aus Platons *Staat*; ich lasse einige Kleinigkeiten aus, weil sie nur die Argumentation verzögern.
Sokrates gibt den Dialog in der ersten Person wieder: daher steht »ich« in diesem Abschnitt für Sokrates. Sein Gegenüber, Thrasymachos, spricht zuerst:

»Höre nun!« sagte er. »Denn ich behaupte dies: Das Gerechte ist nichts anderes als der Vorteil des Stärkeren.«
»Drücke dich nur genauer aus!«
»Weißt du denn nicht, daß von den Staaten die einen tyrannische, die andern demokratische, die dritten aristokratische Verfassungen haben?«
»Gewiß.«
»In jedem Staat hat der herrschende Teil die Macht?«
»Sicherlich!«
»Jede Herrschaft gibt die Gesetze nach ihrem Vorteil, die Demokratie demokratische, die Tyrannis tyrannische usw. Nach diesen Gesetzen kündigen sie diesen ihren eigenen Vorteil als das Gerechte für die Untertanen an, und jeden, der es übertritt, bestrafen sie, weil er das Gesetz verletze und Unrecht tue. Und dies ist, mein Bester, was – so behaupte ich – in allen Staaten in gleicher Weise ›gerecht‹ ist, nämlich der Vorteil der bestehenden Herrschaft. Diese ist an der Macht, so daß für jeden, der nur richtig überlegt, daraus folgt: Überall ist das Recht dasselbe, nämlich der Vorteil des Mächtigeren!«

»Sind nun die Herrscher in den einzelnen Staaten unfehlbar oder können sie irren?«
»Natürlich können sie irren!«
»Wenn sie darangehen, Gesetze aufzustellen, so machen sie das bald richtig, bald unrichtig?«
»Ich denke, ja!«
»Richtig gehen sie vor, wenn sie dabei ihren Vorteil wahren, andernfalls unrichtig? Nicht wahr?«
»So ist es!«
»Was sie als Gesetz aufstellen, müssen die Untertanen befolgen, und dies ist dann das Gerechte?«
»Natürlich!«
»Somit ist nach deiner Behauptung gerecht, nicht nur den Vorteil des Mächtigeren herbeizuführen, sondern auch das Gegenteil, den Nachteil!«
»Was behauptest du da?« fragte er.
»Nur was du sagst, denke ich. Doch überlegen wir genauer! Einverständnis herrscht darüber: Mit ihren Befehlen an die Untertanen verfehlen bisweilen die Herrschenden ihren eigenen Vorteil; andererseits handeln die Untertanen, wenn sie den Befehl der Herrschenden durchführen, gerecht. Einverstanden?«
»Ich glaube, ja!«
»Damit hast du auch, glaube mir, zugegeben«, fuhr ich fort, »daß es gerecht sei, Handlungen, die für die Herrschenden und Stärkeren nachteilig sind, durchzuführen. Denn einerseits geben die Herrschenden unabsichtlich Befehle zu ihrem Nachteil, andrerseits ist es für die Untertanen – nach deiner Behauptung – gerecht, diese Befehle auszuführen. Daraus, mein weisester Thrasymachos, folgt unausweichbar, gerecht sei – das Gegenteil von dem zu machen, was du behauptet hast. Denn den Untertanen wird ja befohlen auszuführen, was dem Mächtigen nicht vorteilhaft ist.«
»Bei Zeus!« rief da Polemarchos. »Das ist klar, ganz klar!«
»Wenn nur du für ihn Partei nimmst!« fiel Kleitophon ein.
»Wozu Parteinehmen, wo doch Thrasymachos selbst zugibt,

daß die Herrschenden bisweilen Befehle zu ihrem Schaden erteilen, die Untertanen aber gerecht handeln, wenn sie diese durchführen?«
»Unter dem Vorteil des Mächtigen«, warf Kleitophon ein, »verstand er doch nur das, was der Mächtige für vorteilhaft halte; und dies müsse der Untergebene durchführen; darin sah er das Gerechte!«
»O nein, so hieß es nicht!« widersprach Polemarchos.
»Das macht keinen Unterschied, Polemarchos«, sprach ich da; »wenn Thrasymachos nun so formuliert, wollen wir es gelten lassen!
Und so sag mir, Thrasymachos«, fuhr ich fort, »da du als gerecht den Vorteil des Mächtigen bezeichnet hast, wolltest du darunter auch einen nur vermeintlichen Vorteil verstehen, ob er nun tatsächlich nützt oder nicht? Dürfen wir dies annehmen?«
»Keineswegs!« antwortete er. »Glaubst du denn, ich bezeichne als mächtig den Mann im Augenblick des Irrtums?«
»Ich glaubte das allerdings schon von dir, da du doch zugabst, die Herrschenden seien nicht unfehlbar, sondern könnten irren!«
»Du verdrehst einem das Wort im Munde, mein Sokrates«, erwiderte er. »Ganz genau genommen – und du nimmst es ja immer genau – irrt kein Fachmann. Wo sein Fachwissen ausläßt, dort irrt der Irrende, worin er also nicht Fachmann ist. Kein Fachmann, Philosoph, Herrscher irrt also, insoweit er Herrscher ist, es sagt nur jedermann: Der Arzt hat geirrt, der Herrscher hat geirrt. Dies nimm nun als meine Antwort hin. Ganz genau gesagt: Der Herrscher irrt in seiner Eigenschaft als Herrscher nicht, daher setzt er das für ihn Beste als Gesetz, und dies muß der Untertan befolgen. Somit heißt, wie ich von Anfang an betonte, gerecht: den Vorteil des Mächtigeren ausführen.«

Kommentar

(1) Thrasymachos beginnt damit, daß er sagt: »Das Gerechte ist nichts anderes als der Vorteil des Stärkeren.« Er bietet eine Definition des Wortes an – oder behauptet zumindest, es zu tun. Aber tut er es wirklich? Wenn ja, so ist dies völlig verfehlt. Eine Definition besteht aus einem Wort oder mehreren, die sprachlich gleichbedeutend sind mit dem, was sie definieren – sozusagen eine Übersetzung von einem Wort in andere Wörter. (So zum Beispiel ist »Dreieck« gleichbedeutend mit »eine dreiseitige Figur in zwei Dimensionen«; »Welpe« ist äquivalent mit »junger Hund« oder »Hund, der noch nicht ausgewachsen ist«. Wo immer man den einen Ausdruck benutzen kann, sollte man auch den anderen benutzen können.) Kommen wir zu Thrasymachos' »Definition«. Kann sich jemand ernsthaft vorstellen, daß »der Vorteil des Stärkeren« *sprachlich gleichbedeutend* sei mit »gerecht«? – Es ist offensichtlich nicht der Fall; schon deshalb nicht, weil wir dann nicht sagen könnten: »Dies ist der Vorteil der bestehenden Herrschaft, aber ich bin nicht der Ansicht, daß es gerecht ist«, während wir doch tatsächlich und ganz zu Recht solche Dinge sagen können. »Gerecht« bedeutet schlichtweg nicht das, was Thrasymachos behauptet.
(2) Wenn das so ist – was tut er dann? Vielleicht sagt er nur, daß die herrschenden Klassen die Gesetze erlassen und daß sie immer Gesetze erlassen, die für sie selbst günstig sind. Dann wäre es eine Tatsachenbehauptung: wir müßten uns an einen Historiker oder Soziologen wenden, um zu erfahren, inwieweit dies wahr ist. Es kann wirklich sowohl wahr als auch wichtig sein, aber was hat dieser soziologische Aspekt mit der Bedeutung von »gerecht« zu tun?
(3) Vielleicht versucht er zu sagen: »Was die meisten Leute gerecht nennen, ist in Wirklichkeit das, was die herrschenden Klassen bestimmen«, oder genauer: »Wenn die herrschenden Klassen das und das bestimmen, dann werden die

meisten Leute eben diese Handlungen und dieses Verhalten als ›gerecht‹ bezeichnen«. Der Gedanke dabei ist, daß man gut daran tut zu sehen, was für Dinge im Interesse der herrschenden Klassen liegen, wenn man wissen will, was tatsächlich »gerecht« genannt wird oder was etwas zu einer »gerechten Sache« macht, weil beides übereinstimmt: und es stimmt natürlich aus dem Grund überein, weil die herrschenden Klassen die Gesetze machen und moralische Maßstäbe in ihrem eigenen Interesse schaffen; und aufgrund dieser Gesetze und Maßstäbe bezeichnet man dann etwas als »gerecht«.

(4) Wenn Thrasymachos' soziologisches Argument in (2) wahr ist, ist (3) dann auch wahr? Nehmen wir eine Parallele. Man könnte die Frage stellen: »Was ist ein ›guter Junge‹ in der Schule?« und antworten: »Nun, ein ›guter Junge‹ ist einer, der den Anforderungen der Erziehungsanstalt entspricht, ein Junge, der keinen Ärger macht, gewissenhaft seine Aufgaben erledigt, vielleicht noch gut im Sport ist und andere Interessen hat, gehorsam ist usw.: mit anderen Worten, ein Junge, der den Interessen des Establishments oder der herrschenden Klassen (der Lehrer) dient.« Insofern müßte man dem Punkt (2) zustimmen, daß das Establishment in eigenem Interesse Maßstäbe festlegt; und man müßte (3) zustimmen, daß man in der Regel einen Jungen meint, der den Interessen des Establishments dient, wenn man von einem »guten Jungen« spricht (wie man es zum Beispiel in einem Schulzeugnis tut). Deshalb wollen wir aber doch noch nicht sagen, wie oben in (1), daß »gut« die *Bedeutung* habe »den Interessen des Establishments dienend«. Es liegt auf der Hand, daß es das nicht bedeutet, selbst wenn »ein guter Junge« bedeuten mag: ein Junge, der den Interessen des Establishments dient. Das scheint sonderbar.

(5) Jetzt sieht es so aus, als ob wir gegen Ende von (4) das Wort »bedeutet« auf zwei verschiedene Arten gebraucht haben. Angenommen, wir versuchen zu sagen: »Ein guter

Junge bedeutet in der Tat, ein Junge, der den Interessen des Establishments dient« – und zweitens: »›Gut‹ bedeutet ›den Interessen des Establishments dienend‹«. Das erste ist schlichtweg wahr, das zweite falsch. Dies sollte die zwei verschiedenen Arten zeigen, in denen das Wort »bedeutet« gebraucht werden kann:
(a) als »sprachlich gleichbedeutend mit«,
(b) als »im Sprachgebrauch gleichzusetzen mit«.
Wir können die zwei Arten des Gebrauchs sehen, wenn wir uns eine allgemeine Aussage vorstellen: »Wir brauchen etwas Gewaltigeres als konventionelle Waffen«, und dann eine allgemeine Antwort: »Das bedeutet also die Atombombe.« »Bedeutet« ist hier im Sinne von (b) gebraucht: niemand würde auf den Gedanken kommen, daß die Ausdrücke »die Atombombe« und »etwas Gewaltigeres als konventionelle Waffen« sprachlich gleichbedeutend seien.
(6) Wie wir schon in Kapitel I (S. 43) gesehen haben, werden in allgemeinem Sinn verwendete moralische Wörter wie »gut« oder »gerecht« in erster Linie gebraucht, um Zustimmung oder Empfehlung auszudrücken, und können daher nicht sprachlich gleichbedeutend sein mit einer Feststellung wie »der Vorteil des Stärkeren«. Selbst wenn die Leute in ihrer täglichen Sprache bestimmte Dinge als »gut« oder »gerecht« bezeichnen, so dürfen wir doch nicht den Gebrauch von »gut« und »gerecht« nur auf diese Dinge beschränken. Wir *können* immer sagen: »Nun, selbst wenn er den Interessen des Establishments dient und deshalb normalerweise ›ein guter Junge‹ genannt wird, so meine ich doch nicht, daß er wirklich ein guter Junge ist«; oder: »Selbst wenn die meisten Leute es ›gerecht‹ nennen, glaube ich doch nicht, daß es das ist«. Deshalb sollten wir nicht zu schnell Punkt (3) zustimmen. Wenn Thrasymachos sagt: »Was man gewöhnlich ›gerecht‹ nennt, ist normalerweise identisch mit dem, was im Interesse der herrschenden Klassen liegt«, dann könnten wir ihm zustimmen (vorausgesetzt, es stimmt mit den Tatsachen überein). Aber wir wären nicht

bereit zuzugeben, daß »gerecht« eben dieses *bedeutet*, jedenfalls nicht ohne sorgfältig zu untersuchen, wie das Wort »bedeutet« hier gebraucht wird.

(7) Inwiefern wird dieser soziologische Aspekt – der Aspekt, daß Gesetze und moralische Maßstäbe, die uns etwas »gerecht« nennen lassen, im Interesse der Oberschicht festgelegt werden – von dem berührt, was Sokrates sagt? Thrasymachos kann wählen, ob er Kleitophons Vorschlag annimmt oder ablehnt. Er kann entweder sagen:

(a) »gerecht« heißt nichts weiter, als was die Oberschicht »gerecht« nennt, selbst wenn sie manchmal etwas so bezeichnet, was nicht ihren eigenen Interessen dient; oder:

(b) »gerecht« ist nichts weiter, als was tatsächlich im Interesse der Oberschicht liegt, was auch immer sie sagt.

Thrasymachos hält sich scheinbar an die erste dieser Äußerungen, doch in Wirklichkeit hält er sich an die zweite. Denn wenn wir die erste etwa folgendermaßen ergänzen: »und die Oberschicht sagt immer, was in ihrem Interesse liegt (andernfalls betrachten wir sie nicht als solche)«, dann verwandelt sich die erste Äußerung tatsächlich in die zweite. Stellen wir uns einen Schulleiter vor, der Anordnungen trifft. Dann erhält ein Wort wie »wohlerzogen« die Bedeutung (in einem Sinn von Bedeutung) von »den Anordnungen des Schulleiters folgend«; und wenn wir hinzufügen, daß der Schulleiter Anordnungen in seinem eigenen Interesse trifft, dann können wir sagen, daß ein »wohlerzogenes« Verhalten nichts weiter heißt als ein Verhalten, das den Interessen des Schulleiters dient. Jetzt aber angenommen, der Schulleiter betrinkt sich und trifft irgendwelche abartigen Anordnungen wie etwa, daß alle Jungen mindestens eine Liebesaffäre im Halbjahr mit einem Mädchen aus der Gegend haben müßten. Dies liegt nicht in seinem Interesse, weil er Schwierigkeiten mit der Schulbehörde und den Eltern usw. bekommen wird. Was sollen wir dann angesichts dieser Regel als »wohlerzogen« bezeichnen? Wenn wir uns auf Thrasymachos' Standpunkt stellen, würden wir sagen, daß der Schulleiter nicht wirklich als Schulleiter gehandelt hat, als er diese Anordnung traf: ein »wohlerzogener« Junge würde daher diese Anordnung mißachten, da sie nicht wirklich im Interesse des Schulleiters liegt. Andererseits könnten wir aber auch sagen, daß der »wohlerzogene« Junge wie gewöhnlich den Anordnungen folgt – so auch dieser.

(8) Der allgemeine soziologische Aspekt, daß das Verhalten, das die meisten Leute als »wohlerzogen« (oder »richtig« oder »gerecht«) ansehen, im allgemeinen eines ist, das den Interessen der Oberschicht dient – dieser Aspekt hat seine Gültigkeit. Manchmal können die Mitglieder der Oberschicht nicht selbst am besten beurteilen, was in ihrem Interesse liegt, und dann ließe sich darüber debattieren, ob wir Kleitophons Vorschlag folgen sollten oder nicht, aber das Argument besteht weiterhin.

(9) Thrasymachos' letzte Rede sieht eigentümlich aus. Eigentlich sollten wir geneigt sein zu sagen: »Wenn Thrasymachos zugibt, daß man in der Alltagssprache davon reden kann, daß ein Arzt oder einer, der eine leitende Stellung einnimmt, Fehler macht, warum gibt er sich dann damit nicht zufrieden? Was hat es für einen Wert, auf diese kuriose Begriffsverdrehung einzugehen, die ihn zu der Aussage bringt, ›kein Herrscher irrt also, insoweit er Herrscher ist‹?« Aber es wäre falsch anzunehmen, daß Thrasymachos nur deshalb so redet, weil er versucht, der Spitze von Sokrates' Kritik auszuweichen. Man darf ihn nicht für einen Tölpel halten, und er hätte dieses Ergebnis ebensogut vermeiden können, indem er Kleitophons Vorschlag gefolgt wäre. Deshalb müssen seine Begriffe anders als unsere sein. Für ihn stehen offenbar Kunst und Wissenschaft an erster Stelle und die Menschen, die sie ausüben, an zweiter, während für uns das Gegenteil gilt. Für uns ist der Arzt das erste und wichtigste; und wenn man uns drängt, würden wir zugeben, daß es da noch Fertigkeiten gibt, von denen Ärzte häufig, sei es gut oder schlecht, Gebrauch machen. Thrasymachos sieht

in erster Linie die Fertigkeit »Heilung von Menschen«; und »Arzt« ist (jedenfalls im strengen Sprachgebrauch) nur mit Ausdrücken dieser Fertigkeit begrifflich zu definieren. Mit anderen Worten: ein »Arzt« ist einer, der sich mit der »Heilung von Menschen« beschäftigt. Und deshalb ist er, nach der strengen Definition, nicht Arzt, wenn er nicht Menschen heilt. Also ist er kein Arzt, wenn er medizinische Fehler macht oder im Urlaub ist. Wir haben es hier einfach mit einer ganz anderen Begriffskonstellation als der uns geläufigen zu tun.

2. *Ein moderner Dialog*

Dies ist ein Dialog zwischen Bertrand Russell und Pater S. C. Copleston, S. J. Das vollständige Gespräch wurde ursprünglich von der BBC gesendet und beschäftigte sich mit der Existenz Gottes. Ich bringe hier einen Ausschnitt, in dem es um Moral und um Werturteile geht.

Russell [1]: *Ich habe das Gefühl, daß manche Dinge gut sind und andere schlecht. Ich mag die Dinge gern, die gut sind – von denen ich meine, daß sie gut sind –, und ich hasse die, von denen ich meine, daß sie schlecht sind.*
Copleston [2]: *Ja, aber was ist Ihre Begründung für die Unterscheidung zwischen gut und schlecht, oder wie kann man Ihrer Meinung nach zwischen gut und schlecht unterscheiden?*
Russell [3]: *Ich habe keine weitere Begründung, als ich sie bei der Unterscheidung zwischen rot und grün habe. Ich sehe, daß es etwas Verschiedenes ist.*
Copleston [4]: *Gut, das ist eine ausgezeichnete Erklärung, sehe ich ein. Sie unterscheiden also zwischen den Farben rot und grün, indem Sie sie sehen. Mit welcher Fähigkeit unterscheiden Sie dann zwischen gut und schlecht?*
Russell [5]: *Mit meinem Gefühl.*

Copleston [6]: *Aha, mit Ihrem Gefühl, das wollte ich wissen. Sie meinen also, gut und schlecht haben einfach mit Gefühl zu tun?*
Russell [7]: *Nun – warum sieht ein Typus von Gegenständen rot aus und ein anderer grün? Dank der Physik kann ich darauf mehr oder weniger antworten; und warum ich meine, daß eine Art von Dingen gut ist und eine andere schlecht, darauf, denke ich, muß sich eine ähnliche Antwort finden lassen, die aber noch nicht in ähnlicher Weise ausgearbeitet ist und die ich Ihnen also nicht geben kann.*
Copleston [8]: *Also lassen Sie uns einmal das Verhalten des Kommandanten eines Konzentrationslagers betrachten. Das erscheint Ihnen – und mir genauso – als nicht wünschenswert und schlecht. Adolf Hitler, nehmen wir an, erschien es als etwas Gutes und Wünschenswertes. Sie müssen also wohl sagen, daß es für Hitler gut war und für Sie schlecht.*
Russell [9]: *Nein, so weit würde ich nicht gehen. Ich glaube vielmehr, daß Menschen sich hier, wie in anderen Dingen auch, täuschen können. Wenn Sie »rot–grün–blind« sind, können Sie rot und grün nicht unterscheiden: Sie machen Fehler.*
Copleston [10]: *Jawohl, man kann Fehler machen; aber kann man das tatsächlich sagen, wenn es nur um ein Gefühl geht? Hitler wäre natürlich der einzige, der darüber urteilen kann, was seine Gefühle anspricht.*
Russell [11]: *Es ist richtig, daß seine Gefühle angesprochen werden, aber darüber kann man verschiedene Dinge sagen: Zum Beispiel daß, wenn etwas bestimmte Gefühle bei Hitler anspricht, bei mir dann völlig andere Gefühle angesprochen werden.*
Copleston [12]: *Zugestanden. Aber gibt es dann Ihrer Meinung nach außer dem Gefühl kein objektives Kriterium, nach dem man das Verhalten des Kommandanten verurteilen könnte?*
Russell [13]: *Genausowenig wie für einen Farbenblinden, der nämlich in genau derselben Lage ist. Warum verurteilen*

wir intellektuell den Farbenblinden? Nicht nur deshalb, weil er in der Minderheit ist?
Copleston [14]: *Ich würde sagen: weil er etwas nicht hat, was normalerweise zur Natur des Menschen gehört.*
Russell [15]: *Ja, aber wenn er in der Mehrheit wäre, würden wir das nicht sagen.*
Copleston [16]: *Dann würden Sie also sagen, daß es außer dem Gefühl kein Kriterium gibt, nach dem wir zwischen dem Verhalten des besagten Kommandanten und dem Verhalten – sagen wir mal – des Erzbischofs von Canterbury unterscheiden könnten.*
Russell [17]: *Gefühl ist etwas zu einfach gesagt. Man muß die Wirkung von Handlungen und Gefühle, die sich hierauf beziehen, mitberücksichtigen ... Man kann sehr wohl sagen, daß die Wirkung der Handlungen des Kommandanten Leiden verursachten und unerfreulich waren.*
Copleston [18]: *Das waren sie sehr wohl, für alle, die in dem KZ waren, dem stimme ich zu.*
Russell [19]: *Und nicht nur für die Leute im KZ, sondern auch für außenstehende Betrachter.*
Copleston [20]: *Ganz richtig – wenn man es sich vorstellt. Aber darum geht es mir gerade: Ich mißbillige diese Handlungen, und ich weiß, daß Sie sie auch mißbilligen, aber ich sehe nicht, welchen Grund Sie für diese Mißbilligung haben, denn schließlich erscheinen die Handlungen dem Kommandanten selber doch als etwas Angenehmes.*
Russell [21]: *Ja, aber Sie sehen, daß ich hierfür keinen anderen Grund brauche als für den Fall der Farbenblindheit auch. Es gibt Leute, für die ist rot gleich grün, und ich bin nicht einer Meinung mit ihnen. Ich kann nicht beweisen, daß rote Gegenstände rot sind, da gibt es keinen Beweis, aber die meisten Leute sind mit mir der Meinung, daß die Gegenstände eben nicht grün sind, und die meisten Leute sind mit mir der Meinung, daß der Kommandant sich fehlerhaft verhalten hat.*

Kommentar

(1) Die Textstelle als ganze beschäftigt sich mit der *Rechtfertigung* moralischer Urteile. Aber die Fortschritte scheinen nicht großartig zu sein: Coplestons anfängliche Forderung nach Rechtfertigung [2] hat ihre Entsprechung am Ende [20], ebenso wird Russells ursprüngliche Antwort [3] wiederholt [21]. Möglicherweise waren Russells Erwiderungen völlig klar und ausreichend, und Copleston hat es nur nicht richtig verstanden; aber das ist nicht sehr wahrscheinlich. Und es ist ebenso unwahrscheinlich, daß Russells Antworten völlig unklar und unbefriedigend waren. Der Dialog hat mit ziemlicher Sicherheit kein schlüssiges Ende, und da er sich in Kreisen zu bewegen scheint, ist wohl etwas schiefgelaufen.

(2) Wir können damit anfangen, einiges weniger Wichtige zu klären:

(a) In Punkt 7 gibt Russell überhaupt keine Art von *Rechtfertigung* seiner moralischen Ansichten: er äußert die Vermutung, daß es eine wissenschaftliche (wahrscheinlich psychologische) *Erklärung* für sie gibt, genauso wie es eine Erklärung dafür gibt, warum etwas rot oder grün aussieht.

(b) In 4–6 führt Copleston den Gedanken ein, daß es eine *Fähigkeit* gibt, auf die sich Russell stützt, wenn er etwas beurteilt oder als gut oder schlecht unterscheidet. 4 (»Gut, das ist eine ausgezeichnete Erklärung«) und 6 (»Aha, das wollte ich wissen«) implizieren, daß die Frage nach dieser Fähigkeit dieselbe (oder jedenfalls eng mit ihr verbunden) ist wie die Frage, welche Rechtfertigung gegeben werden könne. Aber dies ist nicht klar. Es mag sein, daß man eine Fähigkeit braucht, um Evidenz zu erbringen, aber es ist die erbrachte Evidenz, nicht nur der Gebrauch einer Fähigkeit, die die Rechtfertigung ausmacht. So kann man auch seine Hörfähigkeit gebrauchen und dabei den Eindruck erhalten, daß da eine bestimmte Art von Geräusch ist; aber die

Rechtfertigung dafür, daß man das annimmt, wäre der Eindruck selbst, der Eindruck auch von anderen, das, was auf Tonband aufgenommen wäre usw. Kurz, *muß* es eine Fähigkeit geben, mit deren Hilfe man Dinge unterscheidet? Mit welcher Fähigkeit unterscheidet man wahr und falsch, fröhlich und traurig, Leiden und Vergnügen, schön und häßlich usw.? Wir könnten (wie Russell) antworten: »mit unseren Gefühlen«. Aber hilft uns das weiter? Es scheint zweifelhaft, ob dieser Begriff sehr nützlich ist; und vielleicht kann man von Glück sagen, daß er im weiteren Verlauf des Dialogs fallengelassen wird.

(3) Funktioniert nun Russells Parallele von moralischen Urteilen und dem Farbensehen wirklich? Normalerweise würde man das nicht annehmen, denn Wertbegriffe funktionieren anders als deskriptive Begriffe (Kap. I, S. 43). Tatsächlich können wir (Russell in 21 widersprechend) nachweisen, ob etwas rot oder grün ist. Indem wir sagen, daß etwas rot ist, behaupten wir Tatsachen, die mit anerkannten Methoden verifiziert werden können. In diesem Fall würden wir verschiedene andere Leute fragen, ob sie auch meinten, daß es rot sei – und schließlich könnten wir auch die Lichtwellen messen, die der Gegenstand aussendet. Aber bei »gut« ginge so etwas nicht. Da »gut« in erster Linie zu Empfehlungen benutzt wird und nicht, um etwas festzustellen, werden wir mit Sicherheit nicht in der Lage sein nachzuweisen, daß etwas gut ist, so wie wir nachweisen können, daß etwas rot ist. Und vielleicht sind wir wirklich *überhaupt nicht* in der Lage nachzuweisen, daß etwas gut ist (obwohl das natürlich wieder davon abhängt, was wir als »Nachweis« betrachten wollen).

(4) Russell irrt also [13, 15, 21], wenn er behauptet, daß es reine Ansichtssache sei, ob wir etwas als rot bezeichnen oder nicht. In 13 lehnen wir die farbenblinde Person ab, nicht einfach weil sie in der Minderheit ist, sondern eben gerade, weil sie farben*blind* ist: das heißt (und darauf deutet Copleston in 14 hin), weil sie eine bestimmte Fähigkeit nicht

besitzt: sie vermag Farben nicht zu unterscheiden, die andere Leute unterscheiden können. Ein Farbenblinder kann zum Beispiel nicht zwischen dem Rot und Grün der Verkehrsampel unterscheiden. In diesem Sinn hätte er einen »Mangel«, selbst wenn er in der Mehrheit wäre.

(5) Russell ist hier jedenfalls etwas schwankend. In Punkt 9 redet er davon, daß man bei der Bestimmung von Farben »Fehler mache«; und das gibt keinen Sinn, wenn er außerdem behauptet [21], daß es bei Farben »keinen Beweis gibt«. Ähnlich schwankend äußert er sich über moralische Urteile. Es ist, als würde er auf der einen Seite sagen, sie bedürften keiner Rechtfertigung – man fühlt einfach, ob etwas gut oder schlecht ist, und damit hat sich's –, und auf der anderen Seite, man könne in moralischen Urteilen Fehler machen [9, 21]. Gegen Ende des Abschnitts scheut er sich offenbar zu sagen, daß es *keine* Möglichkeit gebe, die Handlungen des Kommandanten als schlecht zu beweisen, aber er klärt nicht, wie man es beweisen könnte. Er könnte zeigen [21], daß die meisten Leute sie, genau wie er selbst, als schlecht empfanden, aber das beweist gar nichts. Wie er sagt: in dieser Hinsicht gibt es keinen Beweis. Wenn es aber überhaupt keinen Beweis gibt, dann hat es auch keinen Sinn, davon zu reden, daß man »Fehler machen« könne.

(6) Einen Standpunkt hätte Russell widerspruchsfrei aufrechterhalten können, nämlich den, daß man nur einem Gefühl Ausdruck verleiht, wenn man ein moralisches Urteil abgibt. Ganz grob könnte man diesen Standpunkt so vertreten, daß man sagt, »dies ist gut« bedeute dasselbe wie »ich mag es«. Das ist nicht sehr plausibel, umgeht aber die Schwierigkeit mit dem Kommandanten. Denn wenn »dies ist gut« einfach »ich mag es« bedeutet, dann kann es nicht wirklich einen Streit zwischen Russell und dem Kommandanten geben. Der Kommandant sagt eben nur: »Mir gefällt es, so etwas zu tun«, und Russell sagt: »mir nicht«. Wenn beide Seiten nur ihre Gefühle oder Vorlieben zum Ausdruck bringen, dann gibt es nichts mehr, *worüber* man sich ausein-

andersetzen könnte. Das würde dann die Frage der Rechtfertigung aus der Welt schaffen. Man braucht moralische Urteile nicht zu rechtfertigen, wenn sie übersetzt werden können in »Mir gefällt es«, »Hoch mit« oder »Nieder mit Soundso«.

(7) Copleston deutet mit Recht darauf hin, daß Russells Bemühungen, seine Ansicht zu rechtfertigen [17 und 19], nutzlos sind. Russell hätte einen Standpunkt vertreten können, der dem eben in (6) besprochenen entgegensteht, wenn er nämlich behauptet hätte, daß *einige* moralische Gefühle gerechtfertigt werden können, zum Beispiel dadurch (wie er in 17 und 19 vorschlägt), daß man sich überzeugt, ob die meisten Leute eine Handlung für unerfreulich halten. Er hätte geradezu sagen können: »gut« bedeutet »was die meisten Leute für erfreulich halten« oder so ähnlich. In dem Fall könnte man natürlich beweisen, daß etwas gut ist: man muß nur herausfinden, was die meisten Leute als erfreulich betrachten (was einfach eine Tatsache ist), und dann hat man es schon. Dann kann man von Beweisen, Fehlern und Rechtfertigung reden. Aber das hat Russell nicht gemacht, oder jedenfalls nicht durchgehalten. Wenn er »man muß die Wirkungen von Handlungen berücksichtigen...« [17] und »auch für außenstehende Betrachter« [19] sagt, dann ändert er offenbar seine Meinung. Wenn eine Rechtfertigung oder ein Beweis nicht in Frage kommen, warum »muß« man dann auf die Wirkungen von Handlungen blicken, wenn man seine moralischen Urteile fällt? Oder warum soll man sich um die Gefühle Außenstehender kümmern? Das wäre nur sinnvoll, wenn wir einen Grund dafür vorbringen könnten, warum jemand dieses tun *sollte*, und dies wäre nur sinnvoll, wenn man annehmen könnte, daß die ganze Frage des moralischen Urteilens einem Beweisverfahren überhaupt zugänglich wäre; und Russell hat nicht gezeigt, daß dies der Fall ist.

(8) Die Unschlüssigkeiten und Inkonsistenzen in Russells Standpunkt sind jedenfalls bezeichnend, weil sie zumindest

auf ein grundsätzliches Dilemma verweisen. Auf der einen Seite wissen wir nicht, wie wir vernünftig von »Beweis« und »Rechtfertigung« in Dingen der Moral reden können, weil Wertbegriffe nicht Tatsachen beschreiben; auf der anderen Seite wollen wir aber auch nicht sagen, daß das Ganze eine Geschmackssache sei. Wir wollen mit anderen Worten in der Lage sein zu beweisen, daß die Handlungen des Kommandanten schlecht sind, wir geben uns mit der Aussage »uns mißfällt seine Art zu handeln« nicht zufrieden. Wir sehen aber auch logische Schwierigkeiten, dergleichen zu beweisen. Vielleicht liegt die Lösung in einer neuen Formulierung des Begriffs »Beweis« oder »Rechtfertigung«, so daß dieser Begriff auf moralische Urteile und moralische Argumente anwendbar würde, selbst wenn er dann nicht auf Argumente über Tatsachen anzuwenden wäre. (Dies ist eines der ernstesten Probleme der modernen Moralphilosophie, vielleicht das ernsteste.)

3. *Kürzere Textabschnitte*

a) C. S. Lewis: Christliches Verhalten

Einige von uns, die ganz nett scheinen, mögen in Wirklichkeit so wenig Gebrauch von guten angeborenen Fähigkeiten und guter Erziehung gemacht haben, daß sie tatsächlich schlimmer sind als andere, die wir als unsere Feinde betrachten. Können wir sicher sein, wie wir uns verhalten hätten, wenn wir zum Beispiel mit den seelischen Anlagen, der schlechten Erziehung und der Macht eines Himmler ausgestattet gewesen wären? Das ist der Grund für einen Christen, nicht über andere zu urteilen. Wir sehen nur die Ergebnisse, die der Mensch durch seine Wahl aus dem Stoff machen kann, aus dem er geschaffen ist. Aber Gott beurteilt einen nicht nach dem Stoff, sondern danach, was man damit macht. Hinter der seelischen Fassade eines Menschen steht sein Körper: wenn der Körper stirbt, fällt das alles von ihm ab, und der wirkliche Mensch in seinem Kern, das, was eine Wahl getroffen hat, das Beste oder Schlechteste aus dem Stoff schuf, wird nackt dastehen. Alle möglichen netten Dinge, von denen wir dachten, sie gehörten zu uns, fallen plötzlich von uns ab; bei anderen fällt alles ab, was auf schlechte Gesundheit oder irgendwelche Komplexe zurückzuführen war. Dann werden wir zum ersten Mal jeden sehen, wie er wirklich ist.

Kommentar

(1) Wir haben hier ein Bild vom Menschen, dessen Wesen nicht bestimmt ist durch das, was ihm angeboren ist, nicht durch seine Umgebung oder berufliche Stellung, sondern dadurch, daß er moralische Entscheidungen fällen kann. Wenn die Erbanlagen dieser Menschen »wegfallen«, sehen wir, wie sie »wirklich« sind. Leute, die »ganz nett scheinen«, mögen »tatsächlich schlimmer« sein als, sagen wir, Himmler. Der »wirkliche Mensch in seinem Kern« ist etwas, das »eine Wahl getroffen hat«.

(2) Am wichtigsten hierbei ist aber, daß dieses Bild zwar übereinstimmen mag mit dem, was viele Leute glauben – oder zu glauben vorgeben –, aber keineswegs damit, wie wir normalerweise *reden*. Normalerweise zählen wir zu den wesentlichen Charakterzügen eines Menschen die, von denen man zeigen kann, daß sie, wenn nicht gänzlich determiniert, so doch stark beeinflußt sind vom Erbgut und von der Umwelt: seine Intelligenz, sein Temperament, seine Körperhaltung, sein Ehrgefühl usw. Es fällt dies für uns nicht unter die gleiche Kategorie wie etwa sein Bankkonto oder das Haus, in dem er lebt; von diesen Dingen sagen wir ohne weiteres, daß er mit ihnen ausgestattet ist. Aber die Intelligenz etwa halten wir für einen Teil des Menschen selbst. In der Tat sind es gerade diese Dinge, die das ausmachen, was wir mit dem Wort »Mensch« oder »Person« meinen.

(3) Wenn wir Lewis folgen und nicht zulassen, daß dergleichen als Teil des Menschen (oder als »wirklicher« Teil) zählt, bleibt uns »etwas, das eine Wahl getroffen hat«. Alles, was auf Erbgut oder Umwelt zurückgeht, scheidet aus, und wieviel von einem Menschen das auch immer unserer Meinung nach ist, es wird auf jeden Fall nicht wenig sein; es scheint daher, daß die Wesenszüge, die übrigbleiben (sein Wille? seine Seele?), recht spärlich ausfallen. Kann man sich wirklich vorstellen, daß man vernünftigerweise das Wort »Mensch« verwendet für »etwas, das eine Wahl traf«? Worin auch immer dieser Wesenszug des Menschen besteht, es ist jedenfalls nur *einer*: und wenn wir nicht den Begriff »Mensch« radikal verändern wollen, ist dieser Wesenszug nicht ausreichend, um etwas als »Mensch« zu bezeichnen.

(4) Der ganze Entwurf – daß man sagt, was Teil des Menschen zu sein scheine, sei es in Wirklichkeit gar nicht –, das ganze Bild, das Lewis vorstellt, ist in der Tat so schwer nachzuvollziehen, daß wir uns fragen, ob es überhaupt einen Sinn hat. Gibt es überhaupt einen Teil des Menschen, den wir als »etwas, das eine Wahl traf« bezeichnen können, völlig unabhängig von allem, was mit Erbgut und Umwelt zu tun hat? Können wir einen solchen Teil logisch unterscheiden? Wir müßten eine sehr sorgfältige Untersuchung anstellen, bevor wir uns auf dieses Bild einlassen.

(5) Außerdem müßten wir, wenn wir es täten, weitgehend unsere Sprache ändern. Vorher ergibt es einfach keinen Sinn zu sagen, daß nette Leute »in Wirklichkeit« schlimmer sein können als Himmler: denn »in Wirklichkeit« kann keine Bedeutung haben, wenn wir nicht zuvor das ganze Bild akzeptieren. Dies ist eine von vielen Textstellen, wo wir ein völlig neues Bild von der Welt akzeptieren und uns mit einem völlig anderen Gebrauch von Begriffen auseinandersetzen müssen, obgleich ganz gewöhnliche Worte verwendet werden, die in sich selbst völlig verständlich sind.

b) Aldous Huxley: Die Pforten der Wahrnehmung

Wir leben zusammen, wir handeln miteinander und reagieren aufeinander; aber immer und unter allen Umständen ist jeder allein. Die Märtyrer gehen Hand in Hand in die Arena; gekreuzigt wird jeder allein. In der Umarmung versuchen die Liebenden verzweifelt, ihre isolierte Existenz in eine einzige, das Selbst transzendierende, zusammenströmen zu lassen; umsonst. Von Natur aus ist es das Schicksal jeder verkörperten Seele, in Einsamkeit zu leiden und zu genießen. Unsere Empfindungen, Gefühle, Einsichten und Phantasien – sie sind für einen Fremden nicht erfahrbar, außer mit Hilfe von Symbolen und aus zweiter Hand. Wir können Informationen über Erfahrungen zusammentragen, die Erfahrungen selbst bleiben uns verschlossen.

Kommentar

(1) Es ist paradox zu sagen: »Wir leben zusammen, aber jeder ist allein.« Das sieht aus, als wären die Grenzen eines Begriffs zu weit ausgedehnt worden (vgl. Kap. I, S. 45 f.). Wenn wir immer allein sind, kann dann der Ausdruck »mit jemandem zusammensein« oder »etwas mit jemandem teilen« sinnvoll sein? Würde sich Huxley jemals erlauben zu sagen: »Soundso ist nicht allein?« Zumindest ist das etwas, was wir sehr oft sagen. Mit anderen Worten: es gibt Fälle im Leben, in denen wir sagen wollen (welche Worte auch immer wir dafür verwenden): »Diese Person ist *nicht* allein« oder »nicht einsam« oder »nicht isoliert«; und warum sollten wir das nicht mit den Worten sagen, die wir gerade eben verwendet haben?

(2) Wahrscheinlich unterliegt Huxley der Versuchung, den Begriff »allein sein« so weit auszudehnen, weil er auf etwas abzielt. Worauf? Vielleicht darauf, daß wir unsere Erfahrungen niemals direkt austauschen können, sondern nur »mit Hilfe von Symbolen«; oder vielleicht, daß »Erfahrungen uns verschlossen bleiben«, d. h., daß wir niemals dieselbe Erfah-

rung machen können wie eine andere Person. Wir wollen das der Reihe nach betrachten:

(a) Es ist ein wenig seltsam zu sagen, daß wir niemals unsere Erfahrungen austauschen können, es sei denn »mit Hilfe von Symbolen«, weil es im Kontext impliziert, daß es die logische Möglichkeit einer Kommunikation ohne Symbole gibt, nur nicht im Leben des Menschen, so wie dieser beschaffen ist. Aber besteht diese Möglichkeit? Es ist ganz klar, daß alle Arten von Kommunikation auf künstliche Zeichen oder Symbole angewiesen sind (die Wörter einer Sprache, Gesten, Morsezeichen usw.): das *bedeutet* eben »Kommunikation«. Genauso seltsam ist es zu sagen, wir könnten Erfahrungen nur »aus zweiter Hand« machen. Wie würde eine Kommunikation aus erster Hand aussehen? Jegliche Kommunikation ist »aus zweiter Hand« in dem gar nicht beunruhigenden Sinn, daß sie die Mittlerrolle der Symbole einschließt.

(b) Bereitet die Aussage Kopfzerbrechen, daß wir niemals »dieselbe Erfahrung« haben können wie eine andere Person? Es gibt offensichtlich einen Sinn, in dem das wahr ist: Schmidt kann nicht Schulzes Kopfschmerzen haben (obwohl natürlich in einem anderen Sinn »dieselben Kopfschmerzen« oder dieselbe Art von Kopfschmerzen). Aber wenn man sagt, daß Schmidt nicht Schulzes Kopfschmerzen haben kann, drückt man damit kein bedauernswertes Faktum der Natur aus, das auch anders sein könnte: man drückt vielmehr eine logische Wahrheit aus. Schmidt kann nicht Schulzes Kopfschmerzen haben, denn wenn Schmidt Kopfschmerzen hätte, dann wären es mitnichten Schulzes Kopfschmerzen, sondern Schmidts – es wäre *Unsinn* zu sagen, Schmidt hätte Schulzes Kopfschmerzen. Das wäre genauso, als würde man den Satz »wenn ich du wäre« wörtlich nehmen. Es liegt auf der Hand, daß ich nicht wirklich du sein kann – das gibt keinen Sinn; obwohl ich mich natürlich an deine Stelle versetzen, deine Gefühle teilen, mit dir mitfühlen kann usw.

Aus all diesem ergibt sich, daß Huxley nicht etwas beklagt, was tatsächlich der Fall ist, aber auch anders sein könnte, sondern vielmehr etwas, das logisch notwendig ist. Solange wir mit den Unterscheidungen, die durch Worte wie »ich«, »du«, »Schmidt«, »Schulze« usw. gekennzeichnet sind, einen Sinn verbinden, so lange folgt mit Notwendigkeit, daß diese Leute und ihre Erfahrungen für uns verschieden und nicht identisch sind. Man könnte natürlich auch an Situationen denken, in denen Ausdrücke wie »Kommunikation« oder »Erfahrungsaustausch« mehr Gewicht bekommen – zum Beispiel Telepathie. Aber das ändert nichts an dem wichtigsten Punkt des Arguments.

c) Sir Arthur Eddington: Das Wesen der physischen Welt

Ich glaube, wir sollten bestimmten inneren Überzeugungen nicht ihre Gültigkeit absprechen, so wie wir auch nicht das Vertrauen in die Vernunft anzweifeln, das die Grundlage der Mathematik bildet. Ähnlich selbstverständlich ist auch der Sinn für die Kompaktheit von Gegenständen, die die Grundlage für die Naturwissenschaften, oder auch das untrügliche Gespür für die Mißverhältnisse, das die Begründung für den Humor abgibt. Vielleicht steht im Vordergrund auch weniger die Frage, ob sich die Gültigkeit dieser Überzeugungen behaupten läßt, als vielmehr die Erkenntnis ihrer Funktion, die sie als einen wesentlichen Teil unserer Welt kennzeichnet. Wir verteidigen nicht die Gültigkeit dessen, daß wir die Schönheit einer Landschaft sehen; wir nehmen einfach dankbar die Tatsache an, daß es uns gegönnt ist, sie so zu sehen.

Kommentar

(1) Die ersten beiden Sätze legen verschiedene Ansichten nahe. Es ist eine Sache, von »Gültigkeit«, »Überzeugungen« und »Begründung« zu reden, eine andere, davon, daß etwas eine »Funktion« hat als »wesentlicher Teil unserer Welt«.

Das erstere heißt, daß wir *Annahmen* machen, sehen, ob es eine Evidenz gibt, womit wir sie rechtfertigen können usw.; das zweite würde bedeuten, daß wir die Eigenarten und Verhaltensmuster der Menschen betrachten und überlegen, wie sie funktionieren, ob sie nützlich oder »wesentlich«, ob sie ein wichtiges Zahnrad im Räderwerk des Menschlichen sind. Der letzte Satz legt eher die zweite Deutung nahe: Wir haben den Wert dessen, womit der Mensch ausgestattet ist, zu bedenken, weniger die Gültigkeit menschlicher Annahmen.

(2) Nehmen wir einmal an, daß wir anfänglich auf die erste Art reden: Das scheint der natürliche Weg zu sein, wenn es uns um »bestimmte innere Überzeugungen« geht und wir voraussetzen, daß eine »Überzeugung« die Annahme ist, daß etwas der Fall sei. Wenn wir uns mit Überzeugungen oder Annahmen beschäftigen, liegt unser vordringliches Interesse darin zu wissen, ob sie wahr sind: und zu diesem Zweck interessiert uns nicht, ob sie nützlich, bequem oder »wesentlich« sind noch ob sie dankbar angenommen werden können, sondern einzig und allein, ob sie vernünftig, »gültig« oder »begründbar« sind, ob es genügend Evidenz zu ihren Gunsten gibt.

(3) Einige Annahmen sind begründbar, andere nicht. Eddington scheint zu meinen, daß die Mathematik (als ein System von Vermutungen) nicht begründbar ist, sondern daß sie von einem »nicht hinterfragten Vertrauen in die Vernunft« abhängt; und er meint, daß die Naturwissenschaft auf einem »natürlichen Sinn für die Kompaktheit der Gegenstände« aufbaut. Auch ohne weiter auf die logischen Grundlagen der Mathematik und Naturwissenschaft einzugehen, können wir erkennen, daß dies etwas seltsam klingt. Wenn die Annahmen der Mathematik und Naturwissenschaft nicht gültig sind, was ist es dann? Mit Sicherheit ist doch die Mehrzahl dieser Annahmen gerade das, was man als rationale Annahme betrachtet.

(4) Auch was den Humor betrifft, kann man so nicht reden:

weil Humor gar kein System von Annahmen einschließt. Daher wäre es logisch gesehen der falsche Ort, um von »Evidenz«, »Gültigkeit«, »Begründung« usw. zu reden.

(5) Wenn wir jetzt zu der zweiten Redeweise übergehen, dann scheint uns diese wiederum unangemessen zu sein, weil wir so nicht von »Überzeugungen« sprechen oder von einer Folge von Annahmen der Mathematik oder der Naturwissenschaft, – obwohl es schon eher die Art ist, wie wir den Humor einschätzen. Mit anderen Worten, wir würden Humor damit rechtfertigen, daß wir sagen, er erfreue oder habe psychologischen Nutzen; aber wir würden Annahmen begründen, indem wir nachweisen, daß sie richtig sind.

(6) Nun wollen wir den letzten Satz betrachten. Wenn »die Schönheit einer Landschaft sehen« bedeutet, daß eine Annahme dabei eine Rolle spielt (zum Beispiel wie es die Äußerung »diese Landschaft ist herrlich« zum Ausdruck brächte), dann müssen wir die erste Redeweise verwenden, die von Gültigkeit, Evidenz, Begründung, Rechtfertigung usw. Wenn eine solche Annahme keine Rolle spielt, sondern nur das Gefühl (zum Beispiel ausgedrückt in »Mensch, das sieht ja herrlich aus!«), dann brauchen wir uns – wie beim Humor – nicht um Wahrheit zu kümmern: höchstens darum, ob das Gefühl angenehm oder nützlich ist.

(7) Abschließend einige Bemerkungen über die »inneren Überzeugungen«, die schon anfangs erwähnt wurden. Wenn Eddington einfach »Gefühl« meint, dann ist der Textabschnitt als Ganzes akzeptabel; aber man muß doch vermuten, daß er zunächst »Annahmen« meint und darum bemüht ist, sie zu begründen. Er umgeht dieses Problem aber dann durch den Begriff der »Evidenz« und gelangt schließlich zu der Behauptung, »innere Überzeugungen« in *jeder Bedeutung dieses Ausdrucks* könnten eben lediglich als Teil unserer menschlichen Fähigkeiten »dankbar aufgenommen werden«. Tatsächlich aber können einige Gefühle, im Verein mit bestimmten Annahmen, als Teil unserer natürlichen Grundausstattung betrachtet werden, ohne daß sie zu

begründen sind. Solcherart wären etwa religiöse Gefühle und Annahmen, aber etwa auch, daß man zu einer Herrenrasse gehöre und deshalb berechtigt sei, Menschen »niedrigerer Abkunft« zu verfolgen und umzubringen.

d) Herbert Butterfield: Christentum und Geschichte

Wenn ich im normalen Verlauf meiner Lehrveranstaltungen auf die Frage käme, die ich einmal etwas vorsichtig die »historische Erklärung« für den Sieg des Christentums über das Römische Reich nennen will, so ginge es für mich mit Sicherheit darum, »wie« das Christentum sich durchsetzte, und nicht um die – viel grundsätzlichere – Frage, »warum«. Als Historiker wäre ich sozusagen nicht zufrieden mit der Antwort, das Christentum habe nur deshalb den Sieg errungen, weil diese Religion wahr und gut gewesen sei, oder nur, weil dieser Sieg Gottes Ratschluß war. Ich erinnere mich, wie ich vor über zehn Jahren an einem mündlichen Examen in Oxford teilnahm; wir wurden immer wieder völlig in Erstaunen gesetzt von einem Kandidaten, der alles dem direkten Einfluß des Allmächtigen zuschrieb und sich deshalb einer Diskussion über alle unteren Chargen enthoben fühlte.

Kommentar

(1) Der Hauptpunkt dieses Absatzes ist der, daß bestimmte Redeweisen (das Reden darüber, was wahr und gut ist, oder das Reden über den Willen Gottes) für eine »historische Erklärung« unangebracht sind. Der Kandidat, der in der mündlichen Prüfung vermutlich jede Frage mit einer Antwort wie »Nun ja, es war der Wille Gottes« beantwortete, verblüffte und verwirrte seine Prüfer. Das ist alles sofort einsichtig.

(2) Auf der anderen Seite sind einige Ausdrücke in diesem Abschnitt eigenartig. Butterfield ist vorsichtig genug zu sagen, daß er als »Historiker« nicht zufrieden wäre mit der

Antwort, das Christentum habe gesiegt, *nur* weil es wahr und gut gewesen sei oder *nur* weil es Gottes Ratschluß war. Das impliziert, daß er sich nur deshalb damit nicht zufrieden gibt, weil er von Beruf Historiker ist; daß er als Historiker keine prinzipiellen Einwände gegen solche Begründungen hat, sondern sie als nicht zufriedenstellend bezeichnet, weil sie unangemessen sind (vielleicht waren sie nicht erschöpfend?); und daß es nicht zufriedenstellend ist, *nur* diese Begründungen zu geben, weil es andere gibt, die auch noch genannt werden müßten. Mit anderen Worten, Butterfields Einwände scheinen zwei zu sein:

(a) Die Begründungen sind keine zufriedenstellende Antwort auf die Frage »Warum siegte das Christentum?«, *wenn diese Frage eine der »wissenschaftlichen Geschichtsbetrachtung«* ist;

(b) sie sind nicht so sehr deswegen nicht zufriedenstellend, weil sie völlig fehl am Platz wären – die falsche Art von Begründungen insgesamt –, sondern weil sie nicht erschöpfend sind.

(3) Wenn wir mit diesen Folgerungen richtig liegen (und wir müssen zugeben, daß der Abschnitt zu kurz ist, um das zu entscheiden), dann ist daran etwas Unstimmiges. Über die obigen Einwände können wir sicher sagen:

(a) Die Aussage »Gott wollte es so« ist keine zufriedenstellende Antwort auf die Frage »Warum siegte das Christentum?« in *jedem* Sinne dieser Frage oder in jedem, den wir uns denken können. Und zwar deshalb, weil es nichts *erklärt*: genauso wie wir es nicht als eine *Art der Erklärung* betrachten, wenn uns jemand auf die Frage »Warum teilte sich das Rote Meer?« sagt: »Gott wollte es so« oder: »Es war ein Wunder«. Für die Naturwissenschaft, die Geschichtsforschung und jedes andere Fach, von dem man annimmt, daß es etwas erklärt, sind Antworten dieser Art nutzlos.

(b) Daher geht es nicht nur darum, daß die Begründungen nicht erschöpfend sind, sondern daß es überhaupt keine Begründungen sind – oder auch keine Erklärungen. Als

Begründungen sind sie sowohl hier wie auch in jedem anderen Erklärungszusammenhang fehl am Platz.

(4) Es sieht aus, als hätte Butterfield darauf nicht geachtet, da er weiter oben sagt, es gehe für ihn »mit Sicherheit darum, ›wie‹ das Christentum sich durchsetzte, nicht um die – viel grundsätzlichere – Frage, ›warum‹«. Dies ist eine eigenartige Redeweise. Wenn er Prüfungsfragen zusammenstellt, formuliert er natürlich: »*Warum* setzte sich das Christentum durch?« – es wäre seltsam zu sagen: »*Wie* setzte sich das Christentum durch?« Natürlich fragt »warum« nach einer Erklärung: wenn wir eine Abgrenzung vornehmen müßten, könnten wir sogar leicht sagen, daß »warum« nach einer Erklärung und »wie« nur nach einer Beschreibung fragt. (Man vergleiche »Warum färbt Lakmuspapier so, wie es das tut?« mit »Wie verhält sich Lakmuspapier in Säure?«) Also worin besteht dann diese seltsame Unterscheidung, die Butterfield macht?

(5) Auch hier können wir nicht ganz sicher sein, ohne mehr von dem zu betrachten, was Butterfield geschrieben hat. Andererseits ist zu sehen, daß zum Beispiel die Antwort »Weil Gott es so wollte« eine Antwort sein *könnte* auf die Frage »Warum setzte sich das Christentum durch?« – wenn wir »warum« in einem bestimmten Sinn benutzen, nämlich von »zur Erfüllung welchen Endzwecks?« oder »zur Erfüllung wessen Endzwecks?« oder »nach wessen Plan?« (Das wäre wie der Wortwechsel: »Warum hast du dich hingesetzt?« – »Weil ich es wollte, weil ich es leid war zu stehen«.) Es ist ganz legitim, solche Fragen zu stellen (selbst wenn es keine Antworten auf sie geben mag), vorausgesetzt, wir haben eine klare Vorstellung davon, welchen Sinn wir dem »warum« geben.

e) John Wilson: Vernunft und Moral

Mit »Wunder« meinen wir vielleicht etwas, was Menschen tatsächlich niemals werden erklären können (eben weil es zu schwierig für sie ist); oder wir meinen vielleicht etwas, das logisch nicht erklärt werden kann, das per definitionem unerklärbar ist. Wer an die prinzipielle Unerklärbarkeit des Menschen glaubt, ist mit ähnlichen Problemen konfrontiert. Die Gründe für die Unsicherheit sind deutlich genug, denn wenn man sich an die erste Bedeutung hält, werden die Wunder entwertet: sie sind nichts anderes als sehr, sehr schwer zu verstehende Phänomene. In diesem Sinne mögen sie »mysteriös« sein, aber in keinem anderen, der von Bedeutung wäre. Denn wir können uns natürlich Umstände vorstellen, unter denen wir durchaus fähig wären, ein Wunder oder eine menschliche Handlung zu verstehen, und beides sogar ohne große Schwierigkeiten.

Kommentar

(1) Wilson versucht hier, die Leute, die an Wunder glauben, genau da zu packen, wo das Problem liegt. Grob gesagt, ist das Problem folgendes: Entweder sind Ereignisse, die als »Wunder« bezeichnet werden, eben nur solche Ereignisse, die sehr verwirrend sind und sich schwer erfassen lassen (in dem Fall brauchen wir uns nicht sehr darum zu kümmern, denn über kurz oder lang werden wir sie verstehen können); oder aber »Wunder« bedeutet »unerklärbares Ereignis« oder »etwas, das niemand – unter welchen Umständen auch immer – je wird begreifen können«; in diesem Fall scheint es vorschnell, von Wundern zu sprechen, denn wie können wir wissen, daß niemand sie jemals wird erklären können?
Dies klingt alles schön sauber und ordentlich, aber jemand, der wirklich an Wunder glaubt, steht nun da mit dem vagen Gefühl, betrogen worden zu sein. Stellt sich das Problem tatsächlich so?
(2) Wer an Wunder glaubt, könnte abstreiten, daß sein Standpunkt in einer der genannten Alternativen richtig wiedergegeben sei. Wunder sind nicht einfach »Ereignisse, die sehr verwirrend sind und sich schwer erfassen lassen«; und

genausowenig gibt er sich zufrieden mit der Behauptung, Wunder seien »per definitionem unerklärbar«. Wir wollen beide Behauptungen noch einmal betrachten:

(a) Warum sind Wunder nicht einfach verblüffende Ereignisse? Weil wir unterscheiden können zwischen erstaunlichen Ereignissen (zum Beispiel, daß ein Schlafender einen bestimmten Hirnrhythmus hat), die nicht *prinzipiell* verblüffend sind, sondern nur sehr schwer erklärbar – und auf der anderen Seite solchen, die *vollkommen* verblüffend sind (etwa die Teilung des Roten Meeres), weil sie von einer höheren Intelligenz (Gott) bewirkt werden, was wir prinzipiell nicht verstehen können.

(b) Warum nun sind wir nicht bereit, den Ausdruck »per definitionem unerklärbar« zu akzeptieren? Wir könnten uns zwar darauf einigen, daß die Werke Gottes »per definitionem« unerklärbar sind, so wie man normalerweise von »Gott« und »Mensch« redet, da man Gott ja als ein Wesen definieren kann, dessen Werke auf keine Art und Weise von Menschen verstanden werden können. Dies erweckt aber einen ganz anderen Eindruck, als wenn man einfach sagt »per definitionem unerklärbar«. Denn wenn wir nur das sagen, heißt das, daß es *überhaupt* keinen Sinn ergibt, während die vorige Äußerung bedeutet, daß es zwar für Gott, nicht aber für uns sinnvoll ist.

(3) Wir könnten dies mit einem Bild klarer machen. Stellen wir uns Ameisen in einem Ameisenhaufen vor, und nehmen wir an, daß sie eine Art von rudimentärer Intelligenz besitzen. Dann kommen ab und zu Menschen, die ihnen etwas zufügen: sie schütten kochendes Wasser über sie oder verhindern, daß sie von anderen Ameisen aufgefressen werden, oder sie verschieben den Ameisenhaufen so, daß er immer der Sonne zugewandt ist. Hier würden wir sagen, daß die Ameisen prinzipiell (d. h., weil sie Ameisen sind) diese »Wunder« nicht erklären können. Es sind in der Tat verblüffende Ereignisse, und zwar in einem höheren Grad verblüffend als etwa die Invasion eines anderen Ameisenheeres

oder der Aufstand irgendwelcher Sklaven-Ameisen oder der plötzliche Zusammenbruch eines Teils des Ameisenhaufens. Wiederum muß man sich fragen, ob es richtig ist zu sagen, die von den Menschen verursachten »Wunder« seien »per definitionem unerklärbar«? Logisch ist das nicht ganz klar. Mit anderen Worten: man muß noch genauere Überlegungen anstellen, um den Leuten gerecht zu werden, die an Wunder glauben.

(4) Daher sind einige von Wilsons Äußerungen irreführend, so zum Beispiel »in diesem Sinne mögen sie ›mysteriös‹ sein« (d. h. sehr schwer zu verstehen), »aber in keinem anderen, der von Bedeutung wäre«. Es gibt aber einen anderen Sinn, wie mit obigen Beispielen anschaulich gemacht wurde: menschliche Handlungen sind, so ist anzunehmen, verblüffend für die Ameisen in dem wichtigen Sinn, daß es *menschliche* Handlungen sind – sie bringen eine ganz andere und höhere Art von Verblüffung hervor. Dann: »Wir können uns natürlich Umstände vorstellen, unter denen wir durchaus fähig wären, ein Wunder . . . zu verstehen, sogar ohne große Schwierigkeiten.« Dies ist wiederum irreführend, weil es denselben Punkt außer acht läßt. Die Ameisen *könnten* sich die Erklärung einiger »normal verlaufender« verblüffender Ereignisse vorstellen (zum Beispiel, daß plötzlich Erde auf den Ameisenhaufen fällt), aber natürlich kann man sagen, daß sie ein plötzliches Ausschütten von kochendem Wasser über den Ameisenhaufen prinzipiell nicht erklären könnten.

(5) Dies alles zeigt, daß es gefährlich ist, alle Gegner mit einem Schlag treffen zu wollen. Es mag Leute geben, deren Wunderglaube nicht völlig abhängig ist von dem Glauben an einen Gott jenseits menschlicher Verstehensmöglichkeiten, der auf prinzipiell unverstehbare Art und Weise in das Weltgeschehen eingreift. Für solche Leute sind Wilsons Argumente von einigem Gewicht. Aber für die, deren Wunderglaube vollkommen mit dem Glauben an einen solchen Gott verbunden ist, sind sie unangemessen. Mit anderen

Worten: der Glaube an Wunder ist ein Teil einer besonderen religiösen Metaphysik und kann nicht völlig zerstört werden, ohne daß man die ganze Metaphysik mit in Betracht zieht.

B. Die Beantwortung von Begriffsfragen

Bei dieser besonderen Art der begrifflichen Analyse ist es wesentlich, die richtige Methode anzuwenden, denn was herauskommen soll, ist ein gut aufgebauter und abgeschlossener Text und nicht unzusammenhängende, ungenau ausgedrückte logische Bemerkungen. Man sollte deshalb auf keinen Fall sofort mit dem Schreiben beginnen, denn sonst läuft man Gefahr, den Überblick zu verlieren, so daß möglicherweise der erste Absatz dem zweiten widerspricht. Vielleicht traut man sich zu, so viel zur Begriffsfrage zu sagen zu haben, daß man am liebsten sofort losschriebe, aber dieser Versuchung muß widerstanden werden. Einer solchen Neigung nachzugeben ist selbst dann unklug, wenn Fragen ganz anderer Art zu beantworten sind; wenn ziemlich klar ist, womit man es zu tun hat. Bei Begriffsfragen ist es aber besonders fatal, denn man weiß zu Beginn nicht einmal, was genau man beachten soll, es gibt nämlich kein Gerüst, woran man sich halten kann.

Um ein solches Gerüst herzustellen, muß man sich einige Punkte zurechtlegen (bevor irgend etwas aufgeschrieben wird), die dann in eine Reihenfolge zu bringen sind. Ziel ist eine Art Schlußfolgerung und eine so endgültige Antwort auf die Frage wie möglich. Um dies zu erreichen, schlage ich folgendes Verfahren vor; es mag etwas umständlich erscheinen, und einige Schritte lassen sich nach einer gewissen Übung auch überspringen, es sollte aber zu Anfang genau befolgt werden.

(1) Gehe vor, wie in Kapitel I (S. 27) angegeben, d. h., trenne die Begriffsfrage vom restlichen Teil der Frage und schreibe den Begriff auf, der analysiert werden soll.

(2) Wende die Methoden der Analyse auf S. 31–41 (Modellfälle, entgegengesetzte Fälle usw.) auf jeden Begriff an: erscheint er in einem neuen Licht? Halte kurz das schriftlich fest, was besonders charakteristisch ist.
(3) Im Sinne des vorhergehenden Schrittes führe eine Art stummes inneres Zwiegespräch über den Begriff. Stelle Fragen und beantworte sie, erfinde nach Belieben neue Fälle. Wiederhole dies noch einmal beim letzten Schritt. Das Selbstgespräch ist eines der wichtigsten Elemente dieser Methode. Beachte dabei, wo sich Sackgassen auftun und welche Ansätze zu etwas führen. Sicherlich wird dann zum Schluß der Umriß des Begriffs angemessen geklärt sein.
(4) Jetzt betrachte die Frage noch einmal von einer ganz anderen Seite. Dadurch werden einige Aspekte deutlicher, die besonders wichtig sind, oder auch solche, die von der Frage wegführen.
(5) Als Ergebnis des stummen Zwiegesprächs und der Beschäftigung mit der Frage schreibe die Punkte auf, die zu berücksichtigen sind, und das Ziel, das erreicht werden soll.
(6) Schreibe einen zusammenhängenden Text, in dem die Punkte nacheinander aufgeführt und bereits soweit wie möglich verknüpft werden.
(7) Prüfe schließlich das Geschriebene, und korrigiere all das, was eindeutig nicht haltbar oder überspitzt ist (ebenso wie stilistische Schwächen, Grammatikfehler, Interpunktionsfehler usw.).
Wie alle Anweisungen klingt auch diese wahrscheinlich sehr zeitlupenhaft, gerade so, als würde man jemandem, der schwimmen lernen soll, sagen: »Lege die rechte Hand im Wasser vor deinen Kopf, halte die Finger zusammen und führe den Arm so weit wie möglich von deinem Körper entfernt zurück, vergiß nicht, dabei zu atmen ...« usw. Man bekommt den Eindruck, daß man längst untergegangen ist, bis man alle Anweisungen ausgeführt hat. Dennoch ist es kein schlechter Anfang, und hilfreich, um Fehler in einem

geschriebenen Text festzustellen. Es ist dann möglich, besonders aufmerksam den Teil der Anweisungen erneut durchzugehen, der versehentlich nicht beachtet wurde.
Wir werden uns jetzt zwei Fragen vornehmen und uns bemühen, sie mit Hilfe der beschriebenen Methode zu beantworten. Ich werde mich bei der Analyse häufig auf die grundsätzlichen Überlegungen beziehen, die ich im vorigen Kapitel (S. 27–31) erwähnt habe, auf die besonderen Techniken (S. 31–41) und die Sprachschwierigkeiten (S. 42–47). Es mag für den Leser hilfreich sein, auf diese Abschnitte zurückzugreifen, wenn darauf Bezug genommen wird.

1. »Sollte Strafe Vergeltung sein?«

1. Schritt

Wir stellen zuerst fest, daß hier zwei Begriffe dunkel sind: »Strafe« und »Vergeltung« und daß diese deshalb der Analyse bedürfen. Wir bemerken zweitens, daß wir durch die Frage »Sollte ...?« aufgefordert sind, ein Werturteil zu fällen. Wir entscheiden folglich, daß wir das Werturteil zurückstellen, bis wir die Begriffe analysiert haben.

2. Schritt

Wir wenden jetzt einige der Analysetechniken an:
(1) Ein Modellfall von Strafe könnte sein, wenn ein Schüler eine Fensterscheibe eingeschlagen hat und dafür von seinem Direktor bestraft wird. Das wäre auch ein Modellfall für Vergeltung.
(2) Ein entgegengesetzter Fall wäre der, daß der Schüler bestraft würde, ohne etwas falsch gemacht zu haben. Dies wäre offensichtlich auch kein Fall von Vergeltung. Warum nicht? Weil die Behandlung keine Vergeltung ist, ihm nichts heimgezahlt wurde für etwas, das er getan hat, denn er tat nichts, was Vergeltung erforderte.

(3) Einen verwandten Fall suchend, könnten wir überlegen, ob die Behandlung des Schülers »fair« oder »gerecht« war. Verdiente er, so behandelt zu werden wie in (a) und (b)? Im ersten Fall würden wir dies bejahen, im zweiten verneinen. Die erste Behandlung ist »fair« und »gerecht«, die zweite könnte als »unfair« und »ungerecht« bezeichnet werden.

(4) Als einen Grenzfall könnten wir einen Fall nehmen, in dem jemand ein Verbrechen begangen hat, aber anstatt zu einer Gefängnisstrafe, zum Aufenthalt in einer Heilanstalt verurteilt wurde. Dies erscheint seltsam, denn ist »verurteilt« hier das richtige Wort? Vielleicht wollte er in die Heilanstalt, schließlich ist mit »Heilanstalt« normalerweise die Vorstellung der Rettung, einer Zuflucht verbunden. Wäre das eine »Strafe«? Wenn wir zögern, wie wir es nennen sollen, woran genau zweifeln wir dann? Vielleicht daran, ob es angenehm oder unangenehm ist, in eine Heilanstalt zu gehen? Oder sind wir im Zweifel, weil eine solche Behandlung wenig mit seiner Straftat zu tun hat? Sicher ist es kein Fall von Vergeltung. Der Mann hat, nehmen wir an, einen ruchlosen Mord begangen, und er wird ihm nicht entsprechend heimgezahlt. Wir müssen uns nach einem Fall umsehen, der unwahrscheinlicher ist als dieser.

(5) Wir erfinden also einen Fall (der möglicherweise in der Praxis absurd ist), bei dem der Mann außergewöhnlich sanft behandelt wird. Wir nehmen an, daß ihm ein langer bezahlter Urlaub ganz nach seinem Geschmack gewährt wird. Dies ist sicherlich weder eine Strafe noch Vergeltung. Selbst wenn dies von einem Richter in einem ordentlichen Gericht als angemessene Behandlung für seine Straftat angeordnet worden wäre, würden wir es keine Strafe nennen. Der Grund dafür ist, daß es prinzipiell die falsche Behandlungsweise ist, um als Strafe zu gelten, denn es ist angenehm und nicht unangenehm. Wir würden eine solche Behandlung auch »unfair« oder »ungerecht« nennen, und zwar nicht so sehr im Hinblick auf diesen Mann, sondern im Vergleich zu der Behandlung anderer Krimineller. Dieser Mann hat sich

schlecht verhalten und wurde belohnt, die anderen Kriminellen haben sich schlecht verhalten und wurden bestraft. Die gesamte Situation ist »unfair«. Belohnung und Strafe in einer solchen Gesellschaft sind nicht richtig aufgeteilt. (Hier ist anzumerken, daß der Begriff »Belohnung« eng mit dem von »Strafe« in Beziehung steht.)

(6) Betrachtet man die sozialen Verhältnisse, so hat uns die Entwicklung der modernen Psychologie gezeigt, daß wir unsere Auffassung über die Behandlung Krimineller grundlegend ändern sollten. Bisher waren die meisten Gesellschaften zu fast allen Zeiten damit einverstanden, Kriminelle nach dem einfachen Gesetz der Vergeltung »Auge um Auge, Zahn um Zahn« zu behandeln. Wir sollten uns aber fragen, ob dies befriedigend ist, denn die Strafe sollte den Kriminellen auch bessern und sicherlich auch mögliche Verbrecher abschrecken. Deshalb spricht man von »bessernder« und »abschreckender« Strafe. Die Frage »Sollte Strafe Vergeltung sein?« macht die soziale Relevanz deutlich, denn wir fragen uns, wie wir sie einer veränderten Absicht anpassen können (nämlich, den Kriminellen zu bessern und potentielle Verbrecher abzuschrecken) und ob wir den Begriff Vergeltung überhaupt beibehalten müssen. Wenn wir aber auf die Ergebnisse der oben angeführten Analysetechniken (1)–(5) zurückblicken, sieht es so aus, als ob es sich in Fällen von Strafe logischerweise gleichzeitig um Vergeltung handelt. Verstößt eine nicht-vergeltende Strafe gegen die Logik? Auf diesen Punkt sollten wir noch zurückkommen.

(7) In der Frage steckt eine grundlegende Befürchtung. Wenn Strafe keine Vergeltung bedeutet – und das heißt, niemals unangenehm ist –, was wird dann aus Recht und Ordnung? Sicherlich müssen wir Verbrechern etwas Unangenehmes zufügen, sonst gibt es nichts, was Menschen davon abhält, Straftaten zu begehen. Dies führt erneut auf den Begriff »Strafe« als Abschreckung. Ist es möglich, den abschreckenden Bestandteil beizubehalten, nicht aber den

der Vergeltung? Auch auf diesen Punkt müssen wir noch zurückkommen.

(8) Was wäre die Folge, wenn man die Frage »Sollte Strafe Vergeltung sein?« mit »ja« oder »nein« beantwortete? Wenn wir »ja« sagen, verpflichten wir uns anscheinend, jeden unangenehm zu behandeln, der ein Verbrechen begeht, denn Strafe, Vergeltung und unangenehme Behandlung scheinen logisch zusammenzugehören. Dies gilt aber nur, solange wir darauf bestehen, überhaupt Strafe auszuteilen. Was würde passieren, wenn wir das Wort im Zusammenhang mit Verbrechen ausklammerten und einfach nur überlegten, welche Behandlungsweise (im Gegensatz zur Strafe) wir für wünschenswert halten? Das würde uns mehr Möglichkeiten bieten, über die Behandlung zu entscheiden, da der Begriff »Strafe« uns auf eine ganz bestimmte Behandlung festlegt, nämlich auf eine unangenehme. – Wenn wir die Frage mit »nein« beantworten, sieht es aus, als widersprächen wir uns selbst, und zwar, weil Strafe logischerweise Vergeltung einschließt. Dies wäre ein schlechter Beginn jeder soziologischen Untersuchung. Es sieht also so aus, als ob wir aus soziologischen Gründen zuerst eine klare Vorstellung der Begriffe »Strafe« und »Vergeltung« brauchten, um dann eine neutralere Frage zu stellen, zum Beispiel: »Wie sollten wir Verbrecher behandeln?«

(9) Was wir auch aus den Begriffen »Strafe« und »Vergeltung« machen, wir wollen auf keinen Fall unsere Sprache verwirren. Es sieht so aus, als wenn »Strafe« und die verwandten Wörter für ganz unterschiedliche Begriffe stehen, und wahrscheinlich sind dies sinnvolle Begriffe. Wir scheinen herausgefunden zu haben, daß Strafe und Vergeltung notwendigerweise eine unangenehme Behandlung implizieren. Vielleicht enthalten sie noch Weiteres, und wir sollten uns damit befassen, bevor wir uns fragen, ob die Begriffe irgendwie grundlegend verändert werden sollten.

3. Schritt

Jetzt sollten wir mit unserem inneren Dialog beginnen; zunächst aber auf etwas zurückkommen, wovon im vorhergehenden Schritt die Rede war. Kann es, vom logischen Standpunkt aus betrachtet, eine nicht-vergeltende Strafe geben? Können wir den Abschreckungsfaktor beibehalten ohne den Begriff der Vergeltung? Vergeltung scheint die Idee des »Heimzahlens« zu beinhalten, denn dem Schüler, der die Fensterscheibe eingeschlagen hat, oder dem Mann, der eine Straftat beging, wurde etwas heimgezahlt, und zwar vom Schulleiter oder vom Richter. Demnach muß da also jemand sein, der die Strafe gezielt ausspricht, sonst wäre es keine Strafe. Wir wollen dies an einem Beispiel prüfen. Angenommen, ein Krimineller wird aufgrund des Gesetzes freigesprochen, aber nach der Gerichtsverhandlung von den Verwandten des Opfers verprügelt. Handelt es sich hier um eine Strafe? Nein, wir würden es eher Rache nennen, denn es bedarf einer rechtlich anerkannten Autorität für eine Strafe. Muß dies eine menschliche Autorität sein? Angenommen, derselbe Kriminelle wird von einem Auto überfahren. Ist das eine Strafe? Sicherlich nicht. Falls wir religiös sind, könnten wir vielleicht sagen, daß Gott ihn bestraft hat, aber das ist ein wenig weit hergeholt. All das zeigt: Strafe bedeutet nicht, daß jemand überhaupt eine unangenehme Behandlung erfährt oder *nachdem* er etwas Schlechtes getan hat, sondern *dafür*, daß er etwas Schlechtes getan hat. Das Wort »dafür« zeigt hier eine gezielte Handlung durch eine menschliche Institution an, die berechtigt ist, solche Handlungen zu vollziehen.

Jetzt erscheint die Sache langsam klarer. »Strafe« impliziert eine stillschweigende Annahme, nämlich die einer »unangenehmen Behandlung oder Vergeltung für irgendeine schlechte Handlung«. Jetzt sollten wir auf den letzten Schritt zurückkommen. Das Beispiel unter (4), wo der Kriminelle in eine Heilanstalt eingewiesen wird, ist kein

Beispiel für Strafe. Wenn der Richter im Grunde sagt: »Wir behandeln dich nicht als einen Kriminellen, sondern als einen Fall verminderter Zurechnungsfähigkeit, wir versuchen also nicht, dir heimzuzahlen für das, was du getan hast, im Gegenteil, wir meinen, es ist das beste für dich, in eine Heilanstalt zu gehen«, dann straft er nicht, sondern es ist dann einfach so, daß er jemanden in einer bestimmten Weise behandelt. Ähnlich ist es in dem erfundenen Fall unter (5), in dem der Kriminelle einen bezahlten Urlaub bekommt. Der Kriminelle wird nicht bestraft, weil die Behandlung nicht unangenehm ist. Natürlich könnten wir beide Entscheidungen auch Strafe nennen, wenn wir darauf bestehen, daß alles, was ein Richter in einem solchen Fall verfügt, als Strafe zählt, aber das würde die Bedeutung zu sehr ausweiten (S. 45 f.).

Offenbar ist »Vergeltungsstrafe« ein Pleonasmus, denn Strafe *muß* logischerweise vergeltend sein. Wie steht es nun mit »Abschreckungsstrafe« und »Besserungsstrafe«? Sind dies widersprüchliche Ausdrücke? Nicht notwendigerweise, denn Strafe *kann* einen abschreckenden und einen bessernden Effekt haben, ebenso wie der Begriff Strafe dem Prinzip der Vergeltung genügt. Allerdings wird es Fälle geben, in denen die beste Behandlung im Hinblick auf Abschreckung und/oder Besserung nicht unbedingt dem Prinzip der Vergeltung genügt, und in solchen Fällen können wir die Behandlung logischerweise nicht »Strafe« nennen. Wenn wir also jemals Kriminelle auf diese Weise behandeln wollen, müssen wir den Begriff der Strafe aufgeben. Sind wir dazu bereit? Das hängt davon ab, ob wir darauf bestehen, den Begriff der Vergeltung beizubehalten. Manchen erscheint es richtig, Vergeltung in allen Fällen schlechten Handelns zu fordern; andere wiederum halten dies für unnötig. Das erste läuft auf eine moralische Argumentation hinaus, obwohl es unklar ist, welchen Nutzen es hat, auf Vergeltung in allen Fällen zu bestehen. Die meisten unserer Ziele werden angemessen durch die Begriffe Abschreckung und Besserung vertreten, in ihnen drücken sich unsere allgemeine Sorge um die Gesellschaft und den einzelnen Kriminellen aus.

Vielleicht gehen diese Überlegungen aber über die Frage hinaus. Die Frage »Sollte unsere Behandlung von Kriminellen vergeltend sein?« ist eine ganz andere. Im Hinblick auf diese Frage könnten wir die Auffassung vertreten, daß das Prinzip der Vergeltung als eine allgemeine Regel ganz gut funktioniert, einfach weil es unangenehme Behandlung einschließt und eine solche Behandlung einen guten Abschrekkungseffekt (und vielleicht einen ebenso guten Besserungseffekt) hat. Ob eine solche Auffassung gerechtfertigt ist, kann nur durch soziologische Fakten beantwortet werden, wir benötigen dafür Statistiken und keine Schätzungen. Es könnte sein, daß Vergeltung bei einigen Arten krimineller Handlungen angebracht ist, bei anderen jedoch nicht oder genauer, nur bei bestimmten Typen von Kriminellen. Es mag sinnvoll sein, all dies zu bedenken, aber wir dürfen uns nicht zu weit von unserer Ausgangsfrage entfernen.

4. Schritt

Betrachten wir die Frage von einem anderen Gesichtspunkt aus, so erkennen wir, daß es jetzt merkwürdig klingt zu fragen »*Sollte* Strafe Vergeltung sein?« Logischerweise *muß* sie Vergeltung sein. Um unsere Antwort so ergiebig wie möglich zu machen, müssen wir also als erstes diesen logischen Gehalt herausfinden, bevor wir andere mögliche Überlegungen zu diesem Fragenkomplex anstellen, etwa zu Fragen wie »Sollte unsere *Behandlung* von Kriminellen vergeltend sein?« oder »Sollte Strafe *nur* Vergeltung sein?« Wir brauchen uns nicht lange mit diesen Aspekten auseinanderzusetzen, denn dies waren nicht die Fragen, die wir beantworten sollten. Trotzdem wäre es interessant, zumindest einen Versuch zu machen.

5. Schritt

Jetzt suchen wir nach dem schnellsten und überzeugendsten Weg, um den logischen Gehalt herauszufinden, und beginnen damit, daß Strafe logischerweise Vergeltung einschließt. Wir können folgende Punkte festhalten:
(1) »Vergeltung« bedeutet in der Umgangssprache »heimzahlen«. Es handelt sich also um die Auffassung »Auge um Auge, Zahn um Zahn«.
(2) Was gilt als Strafe? Hier nehmen wir die Fälle des inneren Dialogs im 3. Schritt, die Fälle des Kriminellen, der eine angenehme Behandlung erfährt oder der von einem Auto überfahren wird. Keiner dieser Fälle würde »Strafe« im üblichen Wortgebrauch genannt werden, und dies deshalb, weil wesentliche Kriterien des Begriffs fehlen. Die Kriterien sind (a) unangenehme Behandlung, (b) unangenehme Behandlung *für* etwas oder als Vergeltung für eine schlechte Tat und (c) unangenehme Behandlung durch jemanden, der dazu berechtigt ist. Wir könnten das auch durch andere Beispiele erläutern und veranschaulichen als durch die, welche wir im 2. Schritt angeführt haben, den Jungen, der die Fensterscheibe einschlägt, oder den Kriminellen, der in eine Heilanstalt eingewiesen wird. Aus all dem folgt, daß Strafe logischerweise Vergeltung einschließt.
(3) Deshalb ist die Frage »*Sollte* Strafe vergeltend sein?« aus logischen Gründen unsinnig. Ist die Frage aber vielleicht anders zu verstehen, etwa im Sinne von »Sollte unsere Behandlung von Kriminellen vergeltend sein?« oder »Sollte Strafe nur Vergeltung sein?«? Falls es dies ist, was den Fragenden interessiert, können wir weitere Überlegungen anstellen.
(4) Die Frage »Sollte Strafe nur vergeltend sein?« können wir getrost als unsinnig zurückweisen. Jeder möchte, daß Strafe nach Möglichkeit potentielle Kriminelle abschreckt, tatsächliche Kriminelle bessert oder daß sie der Gesellschaft in irgendeiner anderen Weise dient. Die Antwort ist also

eindeutig »nein«, denn Strafe kann und sollte auch andere Zwecke haben.

(5) Nehmen wir also die Frage »Sollte unsere Behandlung von Kriminellen vergeltend sein?«, so können wir sagen:

(a) Niemandem ist mit Vergeltung um ihrer selbst willen gedient.

(b) Es ist mehr als wahrscheinlich, daß der Wunsch nach Vergeltung irrational ist und, abgesehen von einer gewissen Befriedigung der Gesellschaft und einzelner Individuen, nicht zu irgendwelchen besonders wünschenswerten Folgen führt.

(c) Andererseits könnte Vergeltung als ein Prinzip in der Gesellschaft ganz gut funktionieren und als ein solches gerechtfertigt werden, weil es zu den wünschenswerten Zielen der Abschreckung und Besserung führt. Das ist aber eine Frage nach soziologischen Fakten, für deren Antwort wir bessere Forschungsergebnisse brauchen.

(5) Was immer den Fragenden im Grunde bewegen mag – das beste wäre, eine neutralere Frage zu stellen wie zum Beispiel »Wie sollen wir unsere Kriminellen behandeln?« Dadurch könnte man die logischen Implikationen von Wörtern wie »Strafe« und »Vergeltung« vermeiden. Diskutiert man die Sache unter Beibehaltung des Wortes »Strafe«, redet man um die Frage herum, denn Strafe ist notwendigerweise vergeltend.

(6) Wir könnten die Frage in dem Sinne interpretieren (S. 39f.) »Ist es nützlich und wünschenswert, das Wort ›Strafe‹ in unserer Sprache an das Wort ›Vergeltung‹ zu binden?« Das ist eine merkwürdige Frage, denn »Strafe« *ist* in der Tat an »Vergeltung« gebunden, und zwar sehr eng. Wenn wir die Bindung aufheben, hätten wir nur wieder ein anderes Wort zu erfinden, das »unangenehme Behandlung für eine schlechte Tat, verfügt durch jemanden, der dazu berechtigt ist« bedeutet. Das ist nun aber eine ziemliche Zeitverschwendung. Unsere Sprache funktioniert in diesem

Bereich ausgezeichnet, vorausgesetzt wir machen uns die Bedeutung der Wörter bewußt.
In Stichworten zusammengefaßt sieht das folgendermaßen aus:
(a) Bedeutung von »Vergeltung« (aus der Umgangssprache hergeleitet).
(b) Bedeutung von »Strafe« (drei Kriterien, Fälle, um diese zu veranschaulichen).
(c) Folglich schließt Strafe Vergeltung ein, deshalb ist die Frage logisch unsinnig.
(d) Uminterpretation der Frage: 1. »... nur vergeltend?« – unsinnige Frage. 2. »... Behandlung von Kriminellen ...?« Zweck der Vergeltung? Beweggründe dafür? Nützlich als ein funktionierendes Prinzip? Eine Frage nach Tatsachen benötigt weitere Forschung. 3. Bedürfnis nach einer neutralen Frage, ohne einen Begriff wie Strafe, wenn wir uns um die Gesellschaft Gedanken machen. 4. Forderung nach Bedeutungsänderung von Alltagswörtern? Sinnlos.

6. Schritt

Wir müssen jetzt versuchen, dies in die Form eines kurzen Aufsatzes zu bringen. Natürlich könnte man über das Thema verschieden lange Aufsätze schreiben; für diese praktische Übung möchte ich etwa eine Stunde ansetzen, die für die vorangegangenen Schritte und die Niederschrift ausreichen sollten. Wieviel Zeit Sie für die Vorarbeit und wieviel für das Schreiben vorsehen, ist zum Teil Geschmackssache; wie ich aber zuvor schon erwähnt habe, ist es besser, erst nach gründlicher Vorarbeit und wenn man genau weiß, was man sagen will, mit dem Schreiben zu beginnen.

Aufsatz: »Sollte Strafe Vergeltung sein?«

Bevor wir ein Werturteil fällen, daß eine Sache *A* eine Sache *B* sein sollte, müssen wir uns erst die Bedeutung und den

Gebrauch von *A* und *B* bewußt machen. Der Begriff »Vergeltung« birgt allerdings keine großen Schwierigkeiten. »Vergeltung« bedeutet »heimzahlen«. Wir sprechen von Vergeltung im Zusammenhang mit schlechten Handlungen ähnlich wie vom Eintreiben einer Geldschuld. Ein Krimineller, der stiehlt oder mordet, wird behandelt wie jemand, der eine Geldschuld hat. Die Gesellschaft verlangt Rückzahlung von ihm, indem sie ihn für eine Zeitlang ins Gefängnis schickt. Obwohl es gewisse praktische Probleme im Hinblick auf Umfang und Art der Vergeltung geben mag, gibt es keine ernsthaften Schwierigkeiten mit der Bedeutung dieses Begriffs.

Der Begriff der Strafe ist dagegen komplexer; drei Bedingungen müssen erfüllt sein, wenn eine Behandlung als Strafe verstanden werden soll. Erstens muß die Behandlung unangenehm sein. Begeht ein Krimineller einen ruchlosen und überlegten Mord und wird zu einem langen bezahlten Urlaub »verurteilt«, würden wir dies nicht als Strafe verstehen, selbst wenn die Verurteilung von einer rechtlich anerkannten Autorität ausgesprochen wurde. Zweitens muß die unangenehme Behandlung von jemandem gezielt im Hinblick auf die Tat des Kriminellen angeordnet werden. Wird ein Krimineller also vom Gericht freigesprochen, aber kurz darauf von einem Auto überfahren oder vom Blitz erschlagen, würden wir dies nicht Strafe nennen; nur ein religiöser Mensch würde vielleicht sagen: »Gott hat ihn gestraft.« Drittens muß die Verurteilung durch eine rechtmäßig anerkannte Autorität geschehen. Wir könnten einen weiteren Fall anführen, in dem der Kriminelle schuldig ist, aber in eine Heilanstalt anstatt ins Gefängnis eingewiesen wird. Handelt es sich dabei um Strafe? Wir werden die Frage wahrscheinlich verneinen, weil wir unsicher sind, ob eines der oben genannten Kriterien Anwendung findet. Es ist (a) weder klar, ob die Einweisung in die Heilanstalt für eben diesen Menschen unangenehm ist noch ob er (b) wirklich für seine kriminelle Handlung *verurteilt* wird.

Diese Merkmale, besonders das zweite, scheinen zu verdeutlichen, daß der Begriff der Vergeltung für den Begriff Strafe wesentlich ist, denn Strafe schließt notwendig und logischerweise Vergeltung ein, andernfalls handelt es sich nicht um Strafe, sondern um irgendeine andere Art von Behandlung. Folglich ist die Frage vom logischen Standpunkt aus unsinnig. Es scheint nämlich nicht sehr sinnvoll zu fragen, ob Strafe vergeltend sein sollte, wenn sie es logischerweise ist. Es wäre allerdings möglich, daß es sich nur um die ungeschickte Formulierung einer ganz anderen Frage handelt, die mit mehr Erfolg gestellt werden kann. Man könnte also die Frage neu formulieren und sagen: »Sollte Strafe *nur* vergeltend sein?« oder vielleicht sinnvoller: »Sollte unsere Behandlung von Kriminellen vergeltend sein?«

Die erste neu formulierte Frage führt zu nichts, denn es gibt nur wenige Leute, die nicht möchten, daß Strafe neben der Vergeltung auch noch andere Aufgaben erfüllt. Man möchte, daß Strafe potentielle Kriminelle abschreckt, den bereits Straffälligen bessert und ganz allgemein eine nützliche oder heilsame Wirkung auf die Gesellschaft ausübt. Die zweite Frage eröffnet ein sehr weites Feld. Zunächst ist es keineswegs klar, welche nützlichen Folgen durch Vergeltung an sich erzielt werden. Es ließe sich das moralische Prinzip vertreten, daß der Böse leiden sollte, aber es ist schwer auszumachen, wie ein solches Prinzip verteidigt werden könnte. Zweitens erscheint der Wunsch nach Vergeltung psychologisch und moralisch fragwürdig, und er läßt sich wohl kaum mit den Glaubensbekenntnissen und Weltanschauungen (wenn sie auch nicht immer praktiziert werden) einer modernen Zivilisation vereinbaren. Man mag Vergeltung als ein funktionierendes Prinzip in der Gesellschaft verteidigen, weil vergeltende Maßnahmen in der Praxis tatsächlich auch anderen Zielen genügen, so zum Beispiel den Zielen der Abschreckung und Besserung. Das aber ist eine Frage soziologischer Tatsachen, und um sie angemessen

zu beantworten, benötigen wir Statistiken statt Schätzungen.
Wenn wir es mit der Behandlung von Kriminellen oder Gesetzesbrechern durch die Gesellschaft im allgemeinen zu tun haben, wäre es klüger, eine Frage zu stellen, die uns nicht in einen solch komplexen Begriff verwickelt, zum Beispiel die einfache Frage »Wie sollten wir Kriminelle behandeln?« Der Gebrauch des Wortes »Strafe« ist nicht frei von Vorurteilen, denn wie wir gesehen haben, bezeichnet »Strafe« eine bestimmte Art von Behandlung. Es wäre theoretisch möglich, die Bedeutung von »Strafe« zu ändern, den Begriff also vom Begriff »Vergeltung« zu trennen, wir erhalten dann vielleicht ein Synonym für »Behandlung«. Eine solche sprachliche Änderung scheint aber nicht sehr sinnvoll zu sein. Wenn wir uns erst einmal der Implikationen des Wortes »Strafe« bewußt sind, ist es wahrscheinlich, daß wir es vorziehen, unsere sozialen Probleme in einer anderen, weniger vorbelasteten Sprache zu diskutieren.

7. Schritt

Wir kommen auf diesen Aufsatz zurück und lassen uns noch ein wenig Zeit für Korrekturen. Dabei stellen wir fest:
(1) Den ersten Absatz leiteten wir ein mit dem Satz »Bevor wir ein Werturteil fällen ...«, ohne diese Ankündigung, ein Werturteil auszusprechen, überhaupt zu erfüllen. Dazu muß etwas bemerkt werden. Das tun wir am besten im dritten Abschnitt. Anstatt zu schreiben: »Es scheint nicht sehr sinnvoll zu fragen, ob Strafe vergeltend sein sollte, wenn sie es logischerweise ist«, lassen Sie uns besser sagen: »Es ist unklar, was mit der Frage, ob Strafe vergeltend sein *sollte*, gemeint ist, wenn sie es logischerweise sein *muß*. Deshalb können wir kein vernünftiges Werturteil darüber fällen, wie es zunächst den Anschein hatte«.
(2) Im zweiten Absatz liefert der dritte Satz eine gute Begründung für den zweiten, d. h., unser Beispiel soll dazu

dienen, das Kriterium des Unangenehmen hervorzuheben. Um das noch deutlicher zu machen, ist es besser, den dritten Satz so zu beginnen: »Begeht zum Beispiel ein Krimineller ...«

(3) Haben wir in der Mitte des zweiten Absatzes, wo wir von dem Gedanken »Gott hat ihn gestraft« sprechen, wirklich deutlich gemacht, was wir meinen? Es sieht so aus, als wenn wir diesen Punkt entweder ausweiten oder ihn ganz wegfallen lassen sollten. Vielleicht sollten wir einfach schreiben »... würden wir dies normalerweise nicht Strafe nennen« und den Satz so beenden.

(4) Im ersten Satz des vierten Absatzes ist »es gibt nur wenige Leute, die nicht möchten« unnötig kompliziert. Schreiben Sie statt dessen: »nahezu jeder möchte«.

(5) In der Mitte des vierten Absatzes heißt es: »Es ließe sich das moralische Prinzip vertreten, daß der Böse leiden sollte, aber es ist schwer auszumachen, wie ein solches Prinzip verteidigt werden könnte.« Meinen wir das wirklich? Tatsächlich könnte das Prinzip auf unterschiedliche Weise verteidigt werden, auch so, wie wir es im folgenden tun, indem wir es als funktionierendes Prinzip verstehen. Wir sollten besser etwas hinzufügen: »um seiner selbst willen verteidigt werden könnte« oder »als eine in sich wünschenswerte Sache verteidigt werden könnte«.

(6) Am Ende des vierten Absatzes, wo wir sagen: »Das aber ist eine Frage soziologischer Tatsachen ...« waren wir viel zu forsch. Wir sollten etwa sagen: »Aber diese Auffassung erfordert viel genaueres soziologisches Wissen, als wir es gegenwärtig haben, wenn sie angemessen vertreten werden soll. Sie mag plausibel sein, aber es ist nicht sehr sinnvoll, sich in diesem Rahmen mit Vermutungen zu begnügen.«

(7) Zu Beginn des fünften Absatzes nennen wir die Frage »Wie sollten wir Kriminelle behandeln?« eine *einfache* Frage. Das ist sie in mindestens einem sehr offensichtlichen Sinn nicht. Wir sollten entweder das Wort streichen oder

erläutern, daß wir »logisch einfach« meinen, frei von schwierigen Begriffen und mit Emotionen beladenen Wörtern.

Beim Überprüfen der einzelnen Schritte habe ich versucht, so langsam wie nur irgend möglich vorzugehen. Der Leser wird zu Recht meinen, daß auf viele Punkte hätte verzichtet werden können, oder auch, daß einige erweitert und andere hinzugefügt werden sollten. Natürlich hätte zum Beispiel im letzten Teil des Aufsatzes viel mehr geschrieben werden können, denn mit der neu formulierten Frage begibt man sich auf das weite Feld der Strafvollzugsreform und berührt viele andere Gebiete. Ich glaube allerdings nicht, daß all dies noch im engeren Bereich der Frage liegt, obwohl einige interessante Aspekte hinzukommen und die Untersuchung weiter voranbringen würden als der kurze und recht trokkene Beweis, daß »Strafe« logisch an »Vergeltung« gebunden ist. Andererseits ließe sich einwenden, wir hätten uns mehr Zeit nehmen sollen, um dies zu belegen und um weitere logisch interessante Dinge bei der Untersuchung dieses Begriffs herauszufinden, anstatt uns so lange mit soziologischen Fragen aufzuhalten, die uns eigentlich niemand gestellt habe. Wenn wir indessen erkennen, daß die Ausgangsfrage *Vorrang* hat vor allem anderen, was wir herausfinden wollen, können wir beruhigt sagen, daß dies Auffassungssache – vielleicht sogar Geschmackssache – ist.

2. *»Ist Astrologie eine Wissenschaft?«*

1. Schritt

Wir stellen fest (S. 27f.), daß dies eine gemischte Fragestellung ist: sie bezieht sich sowohl auf das Wesen der Astrologie als auch auf ein Verständnis des Begriffes Wissenschaft. Deshalb entscheiden wir uns dafür, zunächst die Frage des Begriffs zu behandeln.

2. Schritt

(1) Der Modellfall einer Wissenschaft wäre vielleicht Astronomie, obwohl es natürlich noch viele andere gibt. Es könnte aber von Vorteil sein, die Astronomie auszuwählen, da sie Gemeinsamkeiten mit der Astrologie aufweist (beide haben es mit Sternen und Planeten zu tun).
(2) Wir können uns auch einen ganz anders gearteten Fall ausdenken, der ebenfalls mit Sternen zu tun hat. Nehmen wir an, jemand habe ein impressionistisches Bild von Sternen gemalt oder ein Gedicht über sie geschrieben. Solche Aktivitäten sind sicherlich keine Wissenschaft; wir zählen sie zur Kunst. In bestimmtem Sinn ist ihr Gegenstand derselbe wie der der Astronomie: nämlich die Sterne; aber sie betrachtet sie aus anderer Sicht.
(3) Welche Begriffe beziehen sich auf Wissenschaft? Vielleicht der des Wissens; andererseits gibt es alle möglichen Arten unwissenschaftlichen Wissens. Man kann wissen, wer 1950 Bundeskanzler war, wissen, wie man schwimmt, wie die Regeln der lateinischen Grammatik lauten usw. Wie steht es mit dem Wissen über die Natur? Es hat schon mehr mit Wissenschaft zu tun, aber noch nicht genug, denn man könnte guten Gewissens sagen, daß Caspar David Friedrich oder Adalbert Stifter oder vielleicht auch ein Bauer »Wissen über die Natur« besitzen. Aber sie wissen nichts über die Natur in dem Sinn, wie es Naturwissenschaftler tun. Sie haben ein Tatsachenwissen, aber sie sind nicht in der Lage, Gesetze und Hypothesen aufzustellen, und sie machen keine Experimente. Vielleicht sind dies schon einige Kriterien für Wissenschaft.
(4) Welche anderen Gebiete bewegen sich am Rande der Wissenschaft? Nehmen wir zum Beispiel die Psychologie. Die Psychologen wissen einige Dinge über den Menschen; sie stellen Gesetze und Hypothesen auf; sie machen Experimente. Trotzdem sind wir nicht sicher, daß die Psychologie eine Wissenschaft ist. Warum? Vielleicht haben wir das

Gefühl, daß die Psychologen uns nicht immer die Wahrheit sagen. Aber das tun auch die Physiker oder die Astronomen nicht immer – jede Sparte der Wissenschaft macht Fehler. Ist es nicht eher so, daß wir manchmal das Gefühl haben, sie erzählten uns nichts, was wir nicht schon wüßten? Vielleicht haben wir das Gefühl, daß ihre Erkenntnisse entweder Unsinn oder Selbstverständlichkeiten sind. Betrachten wir einen anderen Grenzfall: Meteorologie und Wettervorhersage. Ist das eine Wissenschaft? Das hängt davon ab, ob die Meteorologen das Wetter wirklich besser vorhersagen können als ein normaler Mensch, ob also alle ihre Experimente und Hypothesen wirklich etwas wert sind. Demnach ist Voraussage vielleicht das wichtigste Kriterium für Wissenschaft.[1] Aber vielleicht sind Experimente und Hypothesen ebenfalls wichtig.

(5) Also denken wir uns einmal einen Fall aus, der uns bewundernswerte Voraussagen bringt, ohne daß wir wissenschaftliche Hilfsmittel benutzen. Nehmen wir an, ich schaue in eine Kristallkugel und kann für jedes Jahr genau den Gewinner des Springderbys voraussagen. Gehen wir davon aus, daß ich keine Ahnung habe, *wie* ich das mache, und auch keine Experimente oder ähnliches durchführe – ich sehe nur hinein und nenne dann den Gewinner. Ist das Wissenschaft? Natürlich nicht. Warum nicht? Vielleicht, weil ich außer der Kristallkugel keine Geräte habe und keine

1. Ich glaube nicht, daß wir die Fähigkeit zur Voraussage als ein *wesentliches* Kriterium ansehen können. Zum Beispiel werden Botanik und Anatomie normalerweise zu den Wissenschaften gezählt, aber ihre Aufgabe und Leistung besteht hauptsächlich im Klassifizieren, weniger im Voraussagen. Aber die Fähigkeit zur Voraussage ist sehr wichtig: selbst die klassifikatorischen Leistungen eröffnen große Möglichkeiten der Voraussage, da die Dinge nach gemeinsamen Merkmalen zusammengefaßt werden, und das Wissen um diese Gemeinsamkeiten verbessert unsere Fähigkeit vorauszusagen, wie sich diese Dinge in der Zukunft verhalten werden. Es hätte in der Tat keinen Zweck – oder jedenfalls keinen wissenschaftlichen Zweck –, Dinge auf diese Art zu klassifizieren, wenn es uns nicht helfen würde zu verstehen, wie sie funktionieren, und damit nicht auch (notwendigerweise) die Voraussagemöglichkeiten verbesserte.

Experimente durchführe. Aber stellen wir uns jetzt vor, ich kaufte eine ungeheure Menge Geräte und baute um meine Kristallkugel lauter Drähte und Röhren, ließe ab und zu ein paar verschiedenartige Flüssigkeiten in die Reagenzgläser tropfen usw., wäre es dann etwas anderes? Wohl kaum; wir würden sagen, ich hätte die Sache so hergerichtet, daß sie *aussieht wie* Wissenschaft, ohne daß sie es wirklich ist. Zu dem Ergebnis meiner Voraussage wäre ich nicht auf dem Wege des Überlegens und der Beobachtung gekommen, die Geräte und Pseudoexperimente standen nicht wirklich in *Verbindung* mit meiner Voraussage.

Damit sieht es so aus, als hätten wir einige zusätzliche Kriterien:

(a) Die Aktivitäten müssen uns mehr Wissen bringen, als wir bereits haben; (b) sie dürfen kein Ratespiel sein, sich nicht auf göttliche Inspiration oder ähnliches berufen, sondern müssen auf Beobachtung, Experiment, der Verifizierung von Hypothesen durch Experimente usw. gründen. Wissenschaft besteht nicht nur aus Wissen: sie ist ein Wissen, das der Durchschnittsmensch nicht aus eigener Kraft erwerben kann, sondern das auf besondere und komplexe Art organisiert ist, mit dem Ziel, zu Ergebnissen zu kommen.

(6) Diese Frage könnte im sozialen Kontext zum Tragen kommen, wenn wir zum Beispiel überlegen, ob Astrologie auf der Schule oder an der Universität gelehrt werden sollte. »Ist sie eine Wissenschaft?« würde heißen: »Ist sie es wert, unterrichtet zu werden?« Wir wissen, daß Wissenschaft es wert ist, gelehrt zu werden – zumindest aus dem einen guten Grund, daß sie nützlich ist. Mit Wissenschaft können wir unseren Lebensstandard heben, uns gegen Angriffe zur Wehr setzen, Menschen in den Weltraum schicken usw. Kann die Astrologie irgendwelche nützlichen Ergebnisse vorweisen? Das hängt offensichtlich davon ab, ob sie Wissen hervorbringt, das wir nicht auf anderen Wegen erlangen können, wie wir dies oben in Punkt (5) erwähnt haben.

(7) Gibt es hier eine untergründige Angst? Irritiert es uns etwa, daß die Astrologie, ohne daß wir es jetzt wissen, doch eine Wissenschaft sein *könnte*, daß wir sie vielleicht zu leichtfertig abschieben? Aber dann müssen wir nur eins tun, nämlich prüfen, ob sie ursprüngliches oder nicht auf andere Art zu erwerbendes Wissen hervorbringt. Oder geht unsere Unsicherheit gerade in die entgegengesetzte Richtung, daß wir nämlich der Versuchung erliegen, sie als Wissenschaft einzustufen, nur weil der Begriff auf »-ologie« endet, während wir doch eigentlich die Merkmale zur Bezeichnung von »Wissenschaft« streng handhaben wollten? Wir wollen den Begriff eifersüchtig hüten und nicht riskieren, daß die Grenze zwischen »wahrer« Wissenschaft und Pseudowissenschaft verschwimmt. Dann aber hängt es wieder nur davon ab, ob die Astrologie den für »Wissenschaft« relevanten Test besteht: ob sie den Kriterien genügt.
(8) Die praktischen Konsequenzen, die sich aus einer Antwort hierauf – ob ja oder nein – ergeben, sind ziemlich offensichtlich. Wenn wir die Astrologie zur Wissenschaft zählen, dann wird es bald Schulbücher darüber geben, und sie wird in Schulen gelehrt werden. Es gäbe Professoren der Astrologie und Astrologen auf wissenschaftlichen Tagungen. Hier sehen wir jetzt, welche Bedeutung hinter der Frage steht, ob Astrologie nur Hokuspokus ist oder völlig respektabel. Wenn sie nur Hokuspokus ist oder auch nur wenn sie nichts Bedeutendes zu bieten hat, wollen wir dafür nicht unser Geld verschwenden. Aber auch dies hängt wiederum davon ab, ob sie originelles Wissen bieten kann.
(9) Sollten wir herausfinden, daß die Astrologie einigen, aber nicht allen Kriterien genügt, könnten wir sie wohl eine Wissenschaft nennen, selbst wenn das hieße, daß man den Begriff der Wissenschaft etwas über seine normalen Grenzen ausdehnen muß. Das sollten wir auch nur tun, wenn wir nach reiflicher Überlegung zu der Ansicht kommen, daß die wesentlichen Kriterien erfüllt sind – oder jedenfalls prinzipiell erfüllt werden könnten. (So könnten wir sagen – wenn

auch nicht ohne Gefahr –, daß die Psychologie als Wissenschaft gelten sollte, weil sie im Prinzip alle Kriterien erfüllen könnte, selbst wenn sie es gegenwärtig noch nicht tut.) Wenn auf der anderen Seite keine oder nur die weniger wichtigen Kriterien erfüllt wären, dann hätten wir keinen Grund, den Begriff der Wissenschaft so auszudehnen, daß die Astrologie darunterfiele.

3. Schritt – Der innere Dialog

Sehen wir uns erst noch einmal die Kriterien für Wissenschaft an, da unsere Vorstellung davon immer noch etwas verschwommen ist. Erstens muß Wissenschaft Voraussagen ermöglichen, die die Fähigkeiten des Durchschnittsmenschen übersteigen. Jedermann kann Regen ankündigen, wenn Sturm und Wolken aufziehen; aber wenn Meteorologie eine Wissenschaft sein will, dann muß sie Regen ankündigen, wenn es der normale Mensch nicht kann. (Nehmen wir aber an, sie hat es *gelegentlich* erfolgreich getan, wo es der normale Mensch nicht konnte; das reicht nicht hin, zumindest müssen wir sicher sein, daß es nicht gerade Zufall war. Wir brauchen also einigermaßen *konsistente* erfolgreiche Voraussagen.)
Zweitens muß sich die Voraussage als ein Resultat sinnvoll aufgebauter Verfahrensweisen ergeben. Ist dazu eine komplizierte technische Ausrüstung nötig? Nicht unbedingt: man kann Astronomie betreiben nur mit Hilfe der Augen und des Denkens. Aber ist das dann nicht wiederum nur das, was der Kristallglasgucker in Punkt (5) macht? Nicht ganz, weil der nicht etwas beobachtet, sich dann seine Gedanken darüber macht und schließlich seine Theorie überprüft, wie das einer tun würde, der die Bewegungen der Planeten beobachtete und daraus seine Theorie entwickelte.
Es muß also irgendeine Art von Technik geben, von Beobachtung, Überlegung, Experiment usw. Es kommt nicht *nur*

darauf an, daß der Wissenschaftler Voraussagen machen kann, sondern diese müssen selbst wieder auf genauen Beobachtungen und Theorien beruhen. Daher kann er dann auch *erklären*, warum zum Beispiel eine Sonnenfinsternis eintreten wird oder Lackmuspapier sich rot färbt.
Ist der Begriff der *Erklärung* ein notwendiges Kriterium? Konstruieren wir einmal ein Beispiel, in dem alle anderen Kriterien erfüllt sind, außer diesem einen, etwa das Beispiel elementarer Astronomie. Mit Hilfe von Teleskopen und anderen komplizierten Geräten beobachten wir Sterne und Planeten, und wir bemerken, daß sie in bestimmten Zeitabschnitten bestimmte regelmäßige Bahnen durchlaufen. Auf der Grundlage dauernder Beobachtung, aber *ohne über die Ursachen zu theoretisieren*, erreichen wir, daß wir genaue Voraussagen darüber machen können, welcher Planet zu welchem Zeitpunkt an einem bestimmten Punkt des Himmels stehen wird. Dies ist etwas, das der Laie nicht selbständig erarbeiten könnte; aber ist es Wissenschaft? Wir könnten uns auch jemanden vorstellen, der über lange Zeit hinweg das Verhalten der Vögel in seinem Garten beobachtete, so daß er dann Dinge über sie voraussagen könnte, die ein normaler Mensch nicht hätte behaupten können – Wissenschaft? Vielleicht sollten wir lieber sagen, daß diese Beobachtungen *erste Schritte* zur Wissenschaft sind. Aber hier haben wir es offensichtlich mit Grenzfällen zu tun; und es wäre in der Tat falsch zu behaupten, daß hier *keinerlei* Erklären und *keinerlei* »Theoretisieren über die Ursachen« stattgefunden hätte. Denn der Sternbeobachter würde etwa sagen: »Venus wird in einer Stunde am Horizont auftauchen, *weil* sie das immer um diese Jahreszeit tut, vorausgesetzt, das und das ist nicht der Fall«, und der Vogelschauer könnte zum Beispiel sagen: »Diese Blaumeise dort wird jetzt in das Vogelhäuschen schlüpfen, *weil* Blaumeisen das immer machen, wenn Schnee auf dem Boden liegt, es sei denn, es gibt Insekten in der Umgebung, die sie fressen können ...« usw. Dies unterscheidet sich zwar vielleicht von »eigent-

licher« Wissenschaft, wo die Gründe nicht nur in dem gesucht werden, was in der Vergangenheit immer so war; aber es ist nicht grundsätzlich anders, und wir können das Kriterium des Erklärens und Theoretisierens nicht nutzen, um eine exakte Grenze zwischen Wissenschaft und gescheiter Beobachtung zu ziehen.

Wie steht es nun mit der Astrologie? Dies ist mehr eine Frage der Tatsachen als eine der Begrifflichkeit. Wir wissen, daß die Astrologen sich bei ihren Voraussagen auf eine angenommene Beziehung zwischen der Position der Sterne und dem Leben der Menschen berufen (oder sie tun zumindest so). Von Leuten, die unter einem bestimmten Tierkreiszeichen geboren sind, nimmt man an, daß sie ein bestimmtes Temperament haben. Wenn der Planet A in der Nähe des Planeten B steht, nimmt man an, daß die Zeit günstig für die Liebe, für Krieg oder Geschäftsverträge ist usw. Die Astrologie stellt sicherlich Behauptungen auf, als wäre sie eine Wissenschaft, sie behauptet, mit Hilfe ausgebildeter Fertigkeiten (Expertenwissen über die Sternbewegungen und ihre Bedeutung, das Stellen von Horoskopen etc.) und einigermaßen konsistentem Erfolg Voraussagen machen zu können, wo es der Durchschnittsmensch nicht kann.

Stellt die Astrologie ihre Behauptungen zu Recht auf? Wir wissen es nicht, weil nicht klar ist, ob ein ordentlicher Test durchgeführt wurde. Man müßte verschiedene kontrollierte Experimente durchführen, in deren Verlauf man sowohl Gruppen von Astrologen wie von Nichtastrologen nach ihren Voraussagen fragte; dabei müßten beide Gruppen zu denselben Fakten Zugang haben und im Besitz derselben intellektuellen Fähigkeiten sein (außer daß die Astrologen noch ihr »Fachwissen« hätten). Die Voraussagen müßten bestimmt und verifizierbar sein, sonst läßt sich ihre Genauigkeit nicht überprüfen. (Eine Voraussage von der Art »Wenn du heute Geld bei dir hast, wirst du wahrscheinlich etwas davon ausgeben« ist nicht sehr hilfreich.) Wenn die Astrologie als Wissenschaft gelten will, müßten die Astrologen (1) zeigen, daß sie konsistent und erfolgreich mehr voraussagten als andere Leute, und (2), daß sie dies *aufgrund* ihres »Fachwissens« taten, nicht einfach durch Intuition. Selbst dann könnten wir noch denken, daß es nur Wissenschaft in demselben (weiteren) Sinne sei, wie sie von dem Sternbeobachter oder dem Vogelschauer betrieben wird: d. h., es könnte sein, daß die Astrologen sagen müßten: »Nun ja, wir wissen zwar nicht, warum, aber es ist nun mal für Offiziere eine günstige Zeit zum Heiraten, wenn der Mars im Aufsteigen begriffen ist und in der Nähe der Venus steht.« Mit anderen Worten: das Maß an Erklärung und Theoretisieren über die Ursachen reicht vielleicht nicht aus, um dies als Wissenschaft zu bezeichnen; mag sein, daß wir uns nur in den Anfangsstufen, dem allgemeinen Beobachten, befinden.

Noch ein letzter Gedanke: Es gilt etwas so lange nicht als Wissenschaft, wie nicht erwiesen ist, daß es wirklich wissenschaftlich ist. Wenn die Astrologie wirklich eine Wissenschaft wäre, so wäre es recht unwahrscheinlich, daß ihre Wissenschaftlichkeit sich bis heute noch nicht hätte beweisen lassen (obwohl nicht notwendig: man denke an übersinnliche Wahrnehmung, deren Erforschung vielleicht gerade anfängt, eine Wissenschaft zu werden). Es ist bestimmt nicht zu wünschen, daß sie an Schulen und Universitäten gelehrt wird, nur aufgrund der vagen Hoffnung, daß sie sich irgendwann einmal als Wissenschaft erweist. Wir können natürlich sagen: »Da mag schon etwas dran sein«, aber das heißt noch nicht sehr viel. Es mag auch etwas »dran sein« am Kristallglasgucken, an Magie, Spiritualismus, Alchemie, Hellseherei und Kartenlegen: Das kann aber nicht der geringste Grund dafür sein, auch nur einen Moment daran zu denken, diese Dinge als mögliche Wissenschaften zu betrachten. Sie könnten Hokuspokus sein. Vernünftige Leute glauben nichts, wofür es nicht einige Evidenz gibt.

4. Schritt

Wenn wir die Frage noch einmal von einer anderen Seite betrachten, sehen wir neue Schwierigkeiten: Wir sind einfach nur gefragt, ob Astrologie unter den Begriff der Wissenschaft fällt. Wenn wir wollen, können wir das folgendermaßen umformulieren: »Ist es vernünftig, die Astrologie als Wissenschaft zu betrachten?« Damit ist allerdings nicht viel gewonnen, wir kommen nur wieder darauf zurück, daß es eine Frage der Begrifflichkeit ist.

5. Schritt

Jetzt müssen wir so genau wie möglich versuchen, die einzelnen logischen Gesichtspunkte, die wir gesammelt haben, in eine vernünftige Reihenfolge zu bringen:
(1) Der Begriff der Wissenschaft unterscheidet sich vom Hokuspokus auf der einen Seite, auf der anderen von den Kenntnissen des Durchschnittsmenschen.
(2) Eine Wissenschaft ist ein Corpus von Tatsachenwissen und Theorie über Phänomene der Natur und ist logisch unterschieden von Kunst, Mutmaßungen, ästhetischem Urteil etc.
(3) Die Kriterien für Wissenschaft scheinen zu sein:
(a) die Fähigkeit, Voraussagen zu treffen auf Gebieten, auf denen der Laie dies nicht kann;
(b) die Voraussagen müssen auf einer Reihe von Beobachtungen, auf Theorie, vielleicht auch auf Experimenten und der Benutzung komplizierter Geräte beruhen, auf eine Art, die deutlich macht, daß sich die Voraussagen darauf *stützen*.
Vielleicht können wir diese beiden Punkte so zusammenfassen, daß wir sagen: Wissenschaft ist ein sehr ausgeklügeltes System von Wissen oder eine hochorganisierte Methode, Wissen zu erwerben.
(4) Obwohl die erfolgreiche Voraussage, wie sie oben unter

(a) beschrieben wurde, vielleicht das wichtigste Kriterium ist, bietet die Notwendigkeit des Erklärens und Theoretisierens (b) ein ungenaueres Kriterium. Wir könnten eine Grenze ziehen zwischen den Anfangsstufen der Wissenschaft (oder vielleicht: den Stufen *vor* der Wissenschaft) und eigentlicher Wissenschaft: hierher gehören die Fälle des Amateurastrologen und des Vogelbeobachters.

(5) Die Astrologie behauptet, zumindest diesen Kriterien zu genügen, aufgrund der Annahme, daß eine Beziehung zwischen den Sternen und dem Leben des Menschen besteht.

(6) Diese Behauptungen sind nicht bewiesen. Um sie zu beweisen, benötigen wir bestimmte sorgfältig ausgearbeitete Tests und Experimente, um sicherzugehen, daß sie beiden Kriterien genügen.

(7) Es scheint unwahrscheinlich, daß die Astrologie den Kriterien genügen kann, da sie es bisher noch nicht tat. Daher wäre es weder aus logischer noch aus soziologischer Sicht vernünftig, sie zu den Wissenschaften zu rechnen.

Auf das Wesentliche reduziert hieße das also:

(a) Wissenschaft unterscheidet sich 1. von Hokuspokus, 2. von Kunst und ästhetischen Urteilen usw. und 3. von normalem Laienwissen.

(b) Wissenschaft ist ein Corpus von Tatsachen und Theorie über die Natur.

(c) Kriterien sind 1. konsistente und erfolgreiche Voraussagen, 2. diese Voraussagen ergeben sich aus Beobachtungen und Theorien usw., jedenfalls bis zu einem gewissen Grad.

(d) Man muß unterscheiden zwischen »eigentlicher Wissenschaft« und den Anfangsstufen der Beobachtung.

(e) Die Astrologie behauptet, diesen Kriterien zu genügen, dies ist aber nicht nachgewiesen. Ein Test wäre vonnöten.

(f) Bevor der Test nicht durchgeführt ist, wäre es unklug, Astrologie als eine Wissenschaft zu betrachten.

6. Schritt – Der Aufsatz

Was ist eine Wissenschaft? Wir wissen, daß Astronomie, Physik, Chemie usw. Wissenschaften sind, wohingegen Dichtung, Malerei, Schwimmen etc. es nicht sind. Daraus ersehen wir zumindest, daß man in einer Wissenschaft – im Gegensatz zum künstlerischen Schaffen, zum Erlernen eines Handwerks usw. – Tatsachen über die natürliche Welt erkennen und Aussagen über sie machen muß. Dies kann aber keine ausreichende Bedingung für Wissenschaft sein: denn Alchemie und Wahrsagekunst wie auch das Alltagswissen über die natürliche Welt, das ein Laie hat, schließen das Erkennen von Tatsachen und Aussagen über sie ein und haben doch nicht die Merkmale einer Wissenschaft. Die Kriterien sind strenger.

Das erste Kriterium ist, daß Wissenschaft in die Lage versetzen sollte, mit einigermaßen konsistentem Erfolg Voraussagen zu machen, und zwar auf eine Art, die der Laie nicht beherrscht. So kann der Laie zwar Regen vorhersagen, wenn er dunkle Wolken heraufziehen sieht, aber nur ein meteorologischer Fachmann vermag dies *ohne* solche offensichtlichen Anzeichen. Der ganze Apparat von Beobachtungen, Hypothesen, Experimenten, Gesetzmäßigkeiten, Theorien und kompliziert ausgeklügelten Geräten, den wir Wissenschaft nennen, zeigt einen viel höheren Grad an Organisation des Wissens, als wir ihn im Alltag haben; und nur deshalb sind so schwierige Voraussagen wie die einer Sonnenfinsternis oder einer Atomreaktion überhaupt möglich.

Dieses Kriterium ist aber nicht wesentlich, und es ist auch nicht hinreichend. Wir können uns jemanden vorstellen, der wahrsagt oder zuverlässige »Ahnungen« hat, die ihn zu genauen und konsistenten Voraussagen führen; aber dies würde nicht als Wissenschaft gelten. Der bloße Besitz einer komplizierten Ausrüstung und ausgeklügelten Technik reicht nicht hin, um diesen Mangel auszugleichen. Ein Wahrsager zum Beispiel könnte Glaskugeln benutzen, könnte mit einem komplizierten System Karten auslegen und sie deuten usw., könnte dann auch genaue Voraussagen treffen und wäre doch noch kein Wissenschaftler. Die Technik muß sich als Grundlage für die Voraussagen erweisen: beides muß rational verknüpft sein. Unser zweites Kriterium ist dann, daß eine Wissenschaft die Voraussagen, die sie trifft, von einem hochorganisierten System von Beobachtung, Experiment, Theorie usw. herleiten muß.

Dieses zweite Kriterium ist etwas vage, und wir können uns Fälle vorstellen, in denen Voraussagen mit verblüffendem Erfolg getroffen werden, wobei aber die wissenschaftliche Grundlage so wenig Substanz hat, daß wir sehr zögern würden, dies Wissenschaft zu nennen. So kann jemand, der über lange Zeit hinweg Sterne oder das Verhalten der Vögel beobachtet, erfolgreichere Voraussagen treffen als ein Durchschnittsmensch – so wie auch ein Koch genauer etwas darüber sagen kann, wie sich feste und flüssige Stoffe verhalten, als jemand, der nicht kocht. Es handelt sich hier auch nicht – wie beim Wahrsager – um Hokuspokus. Aber wir meinen doch, daß hinter solchen Voraussagen zuwenig Theorie und ausreichende Erforschung der Ursachen steckt: diese Tätigkeiten sind nicht hochorganisiert und nicht kompliziert genug, um als Wissenschaft gelten zu können.

Astrologie versteht sich mit Sicherheit als Wissenschaft, d. h. nicht als Kunst, Handwerk oder etwa einfach als Spaß. Ihre Behauptung ist, daß Geschehnisse im Leben eines Menschen vorausgesagt werden können aufgrund von Beobachtungen der Planetenbahnen und der Sterne. Leider hat die Astrologie bisher nicht zeigen können, daß sie irgendeinem der genannten Kriterien genügt: wir können weder sicher sein, daß Astrologen tatsächlich mit konsistenter Genauigkeit und mit größerem Erfolg als andere Leute Voraussagen treffen, noch wissen wir, ob diese Voraussagen (wenn sie erfolgreich sind), sich aus der »Technik« der Astrologie herleiten. Wir müßten strenge Tests durchführen, Kontrollgruppen von Astrologen gegen andere Gruppen von Nichtastrologen, und wir müßten auch die Beziehung zwischen astrologischer Voraussage und astrologischer Theorie untersuchen, um jeden Fall zu prüfen. Angesichts des ungeheuren Alters dieser Pseudowissenschaft scheint es aber recht unwahrscheinlich, daß sie sich noch als Wissenschaft erweisen wird, da sie schon reichlich Zeit dazu hatte. Es mag natürlich »etwas dran« sein, das möglicherweise der wissenschaftlichen Untersuchung wert ist, so wie bei dem Phänomen der übersinnlichen Wahrnehmung. Aber zur Zeit gibt es offenbar keinen Grund, den Begriff Wissenschaft so auszudehnen, daß auch die Astrologie unter ihn fällt.

7. Schritt – Korrekturen

(1) Im dritten Absatz ist das Argument nicht ganz deutlich. Nach »muß rational verknüpft sein« sollten wir etwa einsetzen »Der erfolgreiche Wahrsager weiß nicht, *warum* er richtig rät, und seine Mittel helfen ihm hierbei auch nicht«.
(2) Im vierten Absatz wird bei der Behauptung über die Vagheit des Kriteriums das Wesentliche nicht sofort, nicht direkt und nicht genau genug festgestellt. Es sollte heißen: »Dieses zweite Kriterium ist etwas vage. Wie hochorganisiert muß dieses System von Beobachtung usw. sein? Wir können uns Fälle vorstellen ...«
(3) Im zweiten Satz des fünften Absatzes soll die Behauptung der Wissenschaftlichkeit wiedergegeben werden. Die Formulierung ist so aber nicht ausreichend. Wir sollten lieber sagen: »Ihre Behauptung ist, daß Geschehnisse im menschlichen Leben mit konsistentem und deutlichem Erfolg vorausgesagt werden können aufgrund von sachkundiger Beobachtung der Sterne und Planeten.«

(4) Am Ende des fünften Absatzes haben wir gesagt, es könne »etwas dran« sein. Wir sollten lieber einen neuen Absatz machen nach »... da sie schon reichlich Zeit dazu hatte«, dann anfangen mit »Dies soll nicht unbedingt heißen, daß wir die Astrologie als reinen Humbug abtun wollen. Es mag durchaus ›etwas dran‹ sein ...« und das Folgende vielleicht etwas ausführlicher darstellen.

III. Philosophie und Analyse

Es ist vielleicht sinnvoll zu erläutern, was die in diesem Buch beschriebenen Techniken mit Philosophie zu tun haben und welche Rolle die Philosophie in der Alltagspraxis spielen kann. Natürlich kann ich einem solchen Anspruch nicht voll gerecht werden, aber ich hoffe wenigstens zeigen zu können, daß selbst für den Laien die Philosophie von größerer Bedeutung ist, als es ihn einige Philosophen vermuten lassen.

Alles kann eine Sache der Philosophie sein. Eine Ansicht, und zwar vielleicht die verbreitetste, besagt, daß die Philosophie es unmittelbar mit der Auffassung vom Leben und der Wahrheit über die Wirklichkeit zu tun hat; sie hat zu tun mit dem, was Menschen sind, wie sie handeln und fühlen, d. h. mit ihrem Verhalten, ihren Gefühlen, ihrem Glauben und ihren moralischen Urteilen. Danach setzt sich die Philosophie eines Menschen aus seinen Motiven, seinem Verhalten und seinen Werten zusammen. Strebt jemand also nach Lust, d. h., hält er Lust für gut, wird er als Hedonist oder Utilitarist bezeichnet. Andere, die ihrem Gewissen folgen und pflichtgemäß handeln, werden als Kantianer oder Intuitionisten bezeichnet. Das sind dann ihre Philosophien. Die Philosophie im allgemeinen hat dieser Auffassung nach die Funktion, verschiedene Philosophien festzustellen und sie zu bewerten. Platon entwirft ein bestimmtes Bild des Lebens, Aristoteles ein anderes, Bertrand Russell ein weiteres. Verschiedene Philosophen kritisieren unterschiedliche Lebensauffassungen, der einzelne erhält davon Kenntnis und entscheidet sich für eine von ihnen. Dies ist wahrscheinlich immer noch die verbreitetste Ansicht über Philosophie. Einige siedeln sich selbst »auf der Seite der Logik« an, andere »auf der Seite der Gefühle«; einige glauben an die Pflicht, andere an das Glück; einige neigen zu Mystizismus, andere wiederum glauben nur an nackte Tatsachen.

Der Einwand gegen dieses Bild von der Philosophie besteht darin, daß es den Philosophen zu nichts anderem macht als zum Direktor einer Kunstgalerie, in der Bilder verschiedener Lebensweisen ausgestellt, geprüft, kritisiert, bewertet und schließlich gekauft werden. Der Philosoph stellt sie aus, erklärt sie, schätzt sie ein usw. Die Leute kaufen, was ihnen gefällt. Da scheint es keinen echten Platz für ein vernunftbegründetes Urteil zu geben, keine Kriterien, denen zufolge das eine Bild eindeutig besser ist als das andere. Verschiedene Alternativen werden angeboten, man kann etwas aus der epikureischen oder stoischen Malschule kaufen, einen Kant oder Hegel, einen Bertolt Brecht oder Thomas Mann. Auseinandersetzungen darüber, wen man kaufen soll, werden sinnlos und überflüssig. All das mag amüsant sein und die Toleranz fördern, aber es kann nicht den starken Wunsch nach Wahrheit befriedigen, ebensowenig wie das Bedürfnis, etwas so genau wie möglich wissen zu wollen, und den nachdrücklichen Wunsch, ein brauchbares Hilfsmittel oder eine Methode der Beurteilung zu finden. Dieses Bedürfnis ist im 20. Jahrhundert ebenso verbreitet wie zu allen früheren Zeiten.

Die zweite Auffassung, die gegenwärtig vertreten, wenn nicht gar von den modernen Sprachphilosophen der englischen Schule gepredigt wird, ist eine heftige Reaktion auf die oben beschriebene. Danach hat der Philosoph überhaupt keine direkte Beziehung zu Lebensweisen, Handlungsmotiven, Verhalten oder Werten. Er ist lediglich ein Sprachanalytiker, der sich mit der Richtigkeit und Bedeutung von Aussagen und dem logischen Gebrauch von Wörtern beschäftigt. Der Philosoph interessiert sich nicht dafür, was die Menschen vom Leben halten (weniger noch, wie sie sich verhalten), sondern er ist an den Wörtern interessiert, mit denen sie ihre Gedanken zum Ausdruck bringen. Haben Aussagen über Gott eine Bedeutung? Läßt sich der Begriff der Wahrheit auf moralische Urteile anwenden? Was heißt es, wenn man sagt, die Handlungen der Menschen sind frei?

Hier handelt es sich um linguistische Fragen zum Gebrauch der Wörter »Bedeutung«, »Wahrheit«, »frei« usw.
Ganz eindeutig hat eine solch radikale Einstellung einiges für sich. Jahrtausendelang haben die Menschen über Gott, gut und schlecht, wahr und falsch, Schönheit, Intuition, Freiheit usw. diskutiert, und es ist überzeugend und wahrscheinlich richtig, wenn man sagt, daß sie im wesentlichen nicht wußten, worüber sie eigentlich sprachen, denn keiner der Begriffe, mit denen sie sich in ihren Philosophien befaßten, war jemals Gegenstand einer genauen Analyse. Zweifellos aber ist es wenig sinnvoll, darüber zu diskutieren, was gut und was schlecht ist, wenn wir nicht wissen, was die Wörter »gut« und »schlecht« bedeuten. So ist es mit allen Fragen. Es ist sogar eine gefährliche Illusion zu glauben, uns seien alle Bedeutungen von Wörtern bekannt. Wir mögen sie zwar richtig gebrauchen, aber wir sind uns nicht völlig über ihre logische Funktion in der Sprache im klaren. Wenn uns dies nicht bewußt ist, führt es leicht dazu, falsch zu fragen oder sogar sinnlose Fragen zu stellen.
Dies kann aber nicht der gesamte Aufgabenbereich der Philosophie sein, und zwar – und vor allem – deshalb nicht, weil die Sprache nichts Abstraktes ist, sondern ein Ausdruck des Lebens. Sie ist etwas, von dem die Menschen Gebrauch machen; und nicht nur das, sie gehört noch viel enger zum Menschen, sie ist viel stärker ein Teil des Menschen selbst, als die meisten Sprachanalytiker annehmen. Die Sprache eines Menschen ist nur ein Ausdruck seines Begriffsverständnisses, ebenso wie neurotische Verhaltensmuster nur Ausdruck der psychischen Verfassung sind. Mit »Begriffsverständnis« ist viel mehr als nur die Sprache gemeint; trotzdem ist die Sprachanalyse eine Möglichkeit, und zwar eine gute, das Begriffsverständnis zu untersuchen. Um die Einstellung eines Menschen zur Welt offenzulegen und sie ihm bewußtzumachen, so daß er sie möglicherweise ändern kann, ist es eine gute Methode, darauf zu achten, wie er spricht, und ihm dies deutlich zu machen.

Wörter repräsentieren allerdings nur einen Teil der Grundvoraussetzungen, mit denen die Menschen dem Leben gegenübertreten. Wenn wir zum Beispiel sagen: »Er sieht das Leben anders als ich«, meinen wir damit weder, daß er einen anderen Lebensstil hat als ich, daß seine Verhaltensmuster, Motive und Werte anders sind (wie es nach der ersten Auffassung von Philosophie der Fall wäre) noch daß er andere Behauptungen als ich aufstellt bzw. daß er die Sprache anders einsetzt (wie es der zweiten Auffassung nach der Fall wäre). Natürlich mögen beide Auffassungen richtig sein und sind es wahrscheinlich auch, und trotzdem meinen wir nicht das damit, wenn wir sagen: »Er sieht das Leben anders als ich.« Wir meinen, daß sein Begriffsverständnis anders ist. Es ist so ähnlich, als würden wir metaphorisch sagen, wie es oft geschieht: »Er spricht eine andere Sprache« oder: »Es hat keinen Zweck, wir sprechen nicht dieselbe Sprache«. Bezeichnender- und interessanterweise meinen wir hier mit dem Begriff »Sprache« viel mehr als lediglich die geäußerten Worte. Wir beziehen uns auf ein ganzes Gedankengebäude, auf Kategorien, Begriffe und Denkweisen, die den Hintergrund bilden für das tatsächlich Gesprochene.

Nur der Mensch ist von allen bekannten Wesen in der Lage, Bedeutungen zu erfassen. Das heißt, daß die Erfahrungen, die der Mensch macht, ganz anders sind als etwa die von Tieren oder – wenn man so will – von unbelebten Gegenständen. Hunde werden geschlagen, Rosen leiden an Meltau, Seen werden trockengelegt und Berge abgetragen, aber dies *bedeutet* ihnen nichts, es geschieht einfach mit ihnen. Die Betroffenen erleiden etwas, und nur in diesem Sinn kann man sagen, sie »machen Erfahrungen«. Wenn Menschen dagegen sagen: »Ich habe gestern etwas Grauenhaftes erfahren«, so drückt dies die Fähigkeit bewußter Erfahrung aus, ein Bewußtsein dessen, was geschieht und was man tut, die Fähigkeit, sich zu erinnern, zu beschreiben, nachzudenken und zu deuten.

Der Mensch hat im Rahmen seiner menschlichen Fähigkeiten die Freiheit, Dinge zu verknüpfen, seinen Erfahrungen soviel Gewicht zu verleihen, wie er will, er hat die Freiheit, ihnen Bedeutung beizumessen.

Wenn wir den Begriff der Bedeutung oder Interpretation weit fassen, stellen wir fest, daß er zu allen Aktivitäten oder Geschehnissen gehört, deren wir uns ständig bewußt sind. Als Philosophen sind wir immer geneigt, die Fälle hervorzuheben, in denen wir etwas gezielt eine Bedeutung zusprechen oder die Bedeutung entschlüsseln, so zum Beispiel bei mathematischen Zeichen oder in geringerem Maße auch dann, wenn wir es mit Wörtern zu tun haben. Ob wir uns aber dafür entscheiden, in der Sonne zu liegen, das blaue und funkelnde Meer anzuschauen, zärtlich zu sein, einen Roman zu lesen, einen besonderen Wein zu bestellen, ein bestimmtes Auto zu kaufen oder noch eine Zigarette zu rauchen, unsere Wahl ist offensichtlich davon bestimmt, welches Gewicht diese Ereignisse für uns haben, und das heißt, daß sie in gewisser Weise unserer eigenen Interpretation oder Wertschätzung unterliegen. Die Sonne, das Meer, das Zärtlichsein usw., alles bedeutet uns etwas, und Schwierigkeiten tauchen vornehmlich in persönlichen Beziehungen auf, weil verschiedene Dinge Unterschiedliches für verschiedene Menschen bedeuten.

Ohne Zweifel werden uns einige Interpretationen aufgezwungen. Wir wachsen in einer Welt auf, in der wir, um zu überleben, gezwungen sind, auf Lebensmittel, Wärme, physische Dinge usw. ein besonderes Gewicht zu legen, und dabei erfinden und akzeptieren wir, ohne es zu wissen, einen Interpretationsrahmen, der in der Regel für unser ganzes Leben Gültigkeit hat. In früher Kindheit werden wir unbewußt durch Ereignisse geprägt, die unser bewußtes Handeln durch bestimmte Interpretationen und Werte bestimmen. Einige davon sind gut und sinnvoll, wie etwa das Verlangen nach Ernährung, andere dagegen können weniger gut und sogar lästig sein, wie etwa Angst vor Katzen oder fließendem Wasser. Später bilden wir mehr oder weniger bewußt ein System von Haltungen und Werten gegenüber allen Aspekten des menschlichen Lebens aus, denen wir begegnen. Wir tun dies gegenüber Männern, Frauen, Kindern und all den Rollen, die sie für uns als Väter, Schwestern, Liebhaber usw. spielen mögen; gegenüber Geld und Besitz und unserer Stellung in der Gesellschaft; gegenüber Musik, Literatur und Kunst, Wissenschaft und Philosophie und all den anderen geistigen Bereichen des Menschen. Dieses System ist unser Begriffsverständnis. Es zu beschreiben, die Bedeutung des Wortes deutlich zu machen, ist nicht einfach. Man kann viele Metaphern benutzen, eine so gut oder schlecht wie die andere, um eine generelle Vorstellung davon zu geben, was gemeint ist. In jedem Lebensabschnitt betrachtet jeder sich selbst und die Welt von einem bestimmten Standpunkt aus und mit einer bestimmten Einstellung. Er mag also zaghaft sein oder mit beiden Beinen auf dem Boden stehen, aktiv handeln oder das Schicksal abwarten usw. Oder sollten wir besser sagen, daß er den Dingen mit einem bestimmten Handwerkszeug, dem präzisen Werkzeug eines Arztes oder dem weniger exakten, tiefergehenden Werkzeug der Psychoanalyse begegnet? Oder, daß er etwas durch verschiedene Brillen betrachtet, durch die rosa gefärbte Brille, die dunkle Brille des Pessimisten oder durch die dicken, schützenden Gläser eines Skiläufers oder Rennfahrers? Oder, daß er bestimmte Sprachen spricht und versteht, die Sprache der strengen und autoritären Moral oder die sanftere, aber unsicherere Sprache des Liberalen, das eindeutige Vokabular des Naturwissenschaftlers oder die emotionsbeladene und symbolische Sprache des Dichters oder des Gläubigen? Oder schließlich, daß er die Fähigkeit hat, im Leben eine bestimmte Anzahl von Spielen zu spielen, das Spiel als Arbeitskollege, das Spiel als Filmproduzent oder das Spiel der Liebe?

Von diesen Metaphern ist die des Spiels vielleicht die geeignetste. Fast jedes menschliche Verhalten und jedes Verhalten, das irgendwie rational zu sein beansprucht, ist künstlich. Bewußt oder unbewußt suchen Menschen bestimmte Regeln zu beachten. Das können Verfahrensregeln bei Gericht sein, Konventionen in persönlichen Beziehungen auf förmlicher Ebene, Regeln des Denkens in der Logik oder beim Studium bestimmter Fächer, moralische Verhaltensregeln, Sprachregeln in der alltäglichen Kommunikation usw. Weniger sichtbar, aber immer noch innerhalb dieser Analogie, folgen sie bestimmten Prinzipien in ihren tieferen persönlichen Beziehungen und ihrer Einstellung zu den Künsten. Wenn man lernt, mit Menschen auszukommen, jemanden zu lieben oder eine enge Freundschaft aufzubauen, dann ist es, als lerne man, ein Spiel zu spielen. Ebenso wäre es mit einem Spiel vergleichbar, Richter zu sein oder Klavier zu spielen. Menschen, denen dies in der einen oder anderen Weise nicht gelingt, mangelt es lediglich an Übung.

Wenn jemand keinen Spaß an Musik hat, liegt es (sofern er nicht taub ist) daran, daß er nicht den richtigen Zugang findet, weil er nicht gelernt hat, richtig zuzuhören. Jugendliche Straffällige wissen einfach nicht, wie das Lebensspiel gespielt wird, in dem der Kriminelle und das Gesetz Teil der Regeln sind. Neuen Staaten, die zum ersten Mal versuchen, eine Demokratie zu verwirklichen, gelingt dies oft wegen fehlender Kenntnis des demokratischen Verfahrens nicht, denn es sind gewisse stillschweigende Übereinkünfte zu beachten, damit parlamentarische Debatten nicht zusammenbrechen. Diese Übereinkünfte sind wie Regeln in einem Spiel, die in diesem Falle von einigen Mitspielern nicht eingehalten werden. – Zum Abschluß noch ein Beispiel aus einem Bereich, der in noch deutlicherem Zusammenhang mit der hier vertretenen Auffassung von Philosophie steht. Menschen, die Religion gänzlich ablehnen, tun das, weil sie keinen Zugang zum Begriffsfeld der Religion finden. Die begrifflichen Grundlagen und Erfahrungen der Religion (ebenso wie jene der Dichtung oder Musik) bilden ein Spiel, das spielen zu können, Praxis und Studium erfordert.

Vereinfacht gesagt besteht die Aufgabe der Philosophie

darin, Menschen diese Spielregeln bewußtzumachen, denn anders werden sie nicht in der Lage sein, die Spiele besser zu spielen. Sie können dann auch nicht erkennen, welche neuen Spiele sie lernen und welche alten Spiele sie weiterspielen oder beenden wollen. Bei bestimmten Spielen, deren Logik einfach ist, war die Philosophie schon erfolgreich. Die Regeln oder Prinzipien, die der Naturwissenschaft, der Mathematik oder der formalen Logik zugrunde liegen, sind jetzt ziemlich eindeutig festgelegt, und zwar vor allem deshalb, weil diese Studienbereiche sich erfolgreich entwickelt haben. Andere Spiele erweisen sich als schwieriger. Wie kommt man zum Beispiel bei moralischen Fragen oder Problemen menschlicher Beziehungen zu einer Entscheidung? Wie hat man Kunstwerke zu beurteilen? Wie gelangt man zu einer Entscheidung darüber, ob man einen religiösen Glauben haben sollte und welchen man haben sollte?

In all diesen Fällen besteht die Aufgabe des Philosophen weder (der ersten Auffassung entsprechend) einfach darin, einen Standpunkt zur Moral oder zu persönlichen Beziehungen einzunehmen, eine ästhetische oder religiöse Theorie zu entwickeln und sie mit anderen Ansichten zu vergleichen, um dann den einzelnen selbst entscheiden zu lassen – aufgrund welcher Kriterien kann er denn wählen? –, noch darin, einfach die Sprache der Moral, der Ästhetik, der Religion zu analysieren, denn das allein macht die Spielregeln nicht deutlich genug. Seine Aufgabe ist es vor allem klarzumachen, wie das Spiel tatsächlich gespielt wird. Er muß klären, was es heißt, über eine moralische Angelegenheit zu entscheiden, was es heißt, einer Religion anzugehören, was es heißt, zu lieben oder mit jemandem befreundet zu sein, so daß wir uns in derselben Weise darüber klarwerden, wie darüber, was es heißt, Naturwissenschaft oder Mathematik zu betreiben.

Wie geht diese Klärung vor sich? Das Beispiel der Naturwissenschaften erweckt den Eindruck, daß die Klärung des naturwissenschaftlichen Spiels sehr einfach war. Sind wir doch heutzutage mit den Haupttechniken der Beobachtung vertraut, dem Aufstellen von Hypothesen, den wesentlichsten Experimenten, dem Ableiten von Theorien und Gesetzen und den Voraussagen aufgrund der Gesetze. Tatsächlich und historisch betrachtet brauchte die Menschheit den Zeitraum von der Renaissance bis zur Gegenwart, um eine klare Vorstellung von diesem Spiel zu gewinnen. Der Weg von einer Weltsicht, in der die Natur magisch und mysteriös war, zu der Auffassung einer im wesentlichen erklärbaren und vorhersagbaren Natur war lang und mühsam. Die Menschen entfernten sich langsam von ihrem Glauben an Wunder und entwickelten die Fähigkeit, die Natur als eine Ansammlung von Dingen zu sehen, als depersonalisierte Objekte, die gewogen, gemessen, analysiert werden konnten. Diese Art der Entwicklung kann unterschiedlich betrachtet werden. Tiefenpsychologen haben eine genaue psychologische Erklärung gefunden (nach der es die Sicherheit erforderte, sich von dem Verlangen nach magischen Kräften, Geistern usw. zu befreien). Die Entwicklung hat allerdings auch eine wichtige begriffliche Seite, und diese fällt in den Aufgabenbereich der Philosophie. Es handelt sich nicht einfach um die Frage, welchen Eindruck wir von der Welt und von uns selbst haben, es geht vielmehr darum, mit welchen Begriffen wir die Welt und uns selbst erfassen. Dies ist etwas, das der rationalen Diskussion zugänglich ist, wir werden uns unserer Begriffe, unserer eigenen Sprache, unserer Auffassungen von der Welt bewußter und lernen so, sie zu ändern. Uns allen sind die begrifflichen Prinzipien, mit denen wir arbeiten, weitgehend unbekannt. Wir haben in diesem Jahrhundert einen ziemlich klaren Begriff von der sinnlichen Erfahrung gewonnen und fühlen uns in den Naturwissenschaften zu Hause. Aber in bezug auf Moral, Religion, Literatur und Kunst und vor allem in persönlichen Beziehungen spüren wir Unsicherheit und Verwirrung (sofern wir nicht schon so blind geworden sind, daß wir meinen, es gäbe da gar nichts zu klären). Keine der beiden erwähnten philosophischen Richtungen hat sich früher angemessen um diese Blindheit und Verwirrung gekümmert. Es ist unsinnig zu sagen, wir sollten uns einfach stärker bemühen oder besser benehmen oder vernünftiger leben, und es ist unangemessen zu sagen, wir müßten unsere Sprache überprüfen und uns der Logik der Wörter bewußter werden, denn unsere Schwierigkeiten entstehen weder deshalb, weil wir nicht gut oder edel noch weil wir nicht intelligent genug sind. Sie entstehen, weil wir uns auf unsicherem Boden fühlen, nur herumtasten und so versuchen zu lernen, wie man die verschiedenen Spiele des Lebens spielt. Es ist ein ähnliches Gefühl, das man vielleicht hat, wenn man gerade den Tanzboden betritt, ohne zu wissen, wie man tanzt. Man weiß dann nicht, wie man beginnen soll.

Philosophie ist also die Verdeutlichung der Methode, der Art und Weise, wie diese Spiele gespielt werden. Die Philosophen sind sich dessen bereits bewußt durch die Art, wie sie mit metaphysischen Problemen umgehen, mit Fragen wie »Gibt es Handlungen, die wirklich frei sind?« oder »Können wir jemals etwas wirklich sicher wissen?« Angesichts dieser Fragen stellen wir fest, daß das Schwierigste darin besteht zu wissen, wie man überhaupt damit beginnen soll, diese Fragen zu beantworten. Wir fühlen uns von ihnen grundlegend verunsichert, denn wir haben keine Methode zur Hand, die uns zeigt, wie wir mit ihnen umgehen sollen. Es gibt aber Hunderte von Fragen im Leben, die in diesem Sinn »metaphysisch« sind. Diese vielen Fragen entstehen, weil wir versuchen, Spiele zu spielen, ohne uns über die Regeln klar zu sein. Die klassischen metaphysischen Fragen – Fragen nach dem freien Willen, der Wirklichkeit, der Wahrheit usw. – bildeten immer nur ein kleines intellektuelles Feld, auf dem die Akademiker kämpften. Inzwischen ist der einfache Mann auf der Straße in vielen Lebensbereichen in einer Weise verunsichert, welche die Ausbildung eines neuen Selbstverständnisses, eines Bewußtseins, wie wir die Welt und das Ich tatsächlich erfahren und damit eine Überprü-

fung des Begriffsverständnisses notwendig macht. Dies habe ich als Aufgabe der Philosophie beschrieben.
Genauere Überlegungen wären erforderlich, um zu untersuchen, wie sich die Philosophie in diesem Sinne in Zukunft entwickeln wird. Zweifellos wird sie aber, selbst wenn sie sich in verschiedene Bereiche aufspaltet, die sich mit der Klärung ganz unterschiedlicher Spiele befassen, in sich geschlossener bleiben als etwa die Physik. Denn die Beziehungen zwischen unserem Unterbewußtsein, unserem Verhalten, unserem Lebensstil, unserem Begriffsverständnis, unserem Glauben und der Sprache, in der wir dies alles ausdrücken, sind sehr eng, und es ist fraglich, ob ein ernsthafter Philosoph irgendeinen dieser Bereiche vernachlässigen darf. Aus diesem Grund ist die Ausbildung von Philosophen als bloße Sprachanalytiker völlig unangemessen. Man darf sich deshalb nicht über Gegenströmungen wundern, die in Form von Denkern auftreten, die sich um Analyse nicht kümmern, aber offen sind für neue Erfahrungen und neue Lebensspiele, für die sich die Sprachphilosophen nicht interessieren, wie zum Beispiel der Existentialismus oder die Dialektische Theologie. Man sollte auch solche Gebiete beachten, die der Philosophie verbunden sind, aber auf erschreckende Weise buchstäblich abgespalten wurden; die besten Beispiele sind die Psychoanalyse und die Literaturwissenschaft und Literaturkritik.
Aus diesen Gründen sollte der Philosoph mit den wichtigsten Bereichen vertraut sein, die in direkter Verbindung mit den menschlichen Vorstellungen (concepts), d. h. in engem Zusammenhang mit unserem Begriffsverständnis stehen. Eindeutige Untersuchungsfelder sind die Literatur (besonders der Roman und das Drama), die Musik, die Psychologie, die Soziologie und die Geschichte. All diese Bereiche wirken direkt – und für die meisten Menschen stärker als die Philosophie – auf unser Begriffsverständnis ein, bestimmen unsere Lebenseinstellung – »die Brille, durch die wir die Welt betrachten« –, unsere »Spielfähigkeiten«, das begriffli-

che Werkzeug, das wir benutzen, und die Bilder, die wir uns machen. Man argwöhnt, daß akademisch gebildete Philosophen einen eindeutigen Irrtum begangen haben, nämlich anzunehmen, daß nur die Disziplinen, die zu wahren Aussagen führen, für die Wahrheit von Bedeutung sind. So ist es klar, daß im üblichen Sinn des Wortes »wahr« in der Musik, in der Malerei, im Drama oder in Romanen keine »wahren« Aussagen gemacht werden. Es ist aber falsch, deswegen zu folgern, daß sie nichts mit der Wahrheit zu tun haben. Indirekt können sie sehr wohl wahre Aussagen durch einen komplexen Prozeß hervorbringen, den noch niemand genau untersucht hat. Vereinfacht gesagt: bestimmte Erfahrungen werden uns zugänglich und unsere Gefühle und Emotionen in einer bestimmten Weise beeinflußt; wir sind ergriffen und sehen klarer, unser Weltbild und unsere Vorstellungen (concepts) ändern sich, und wir kommen vielleicht zu Aussagen, an die wir vorher nie gedacht hätten. Obwohl in der Kunst keine Tatsachen behauptet werden, wird uns etwas beigebracht, und zwar auf vernünftige Weise. Diese Art vernünftigen Denkens muß die Philosophie auch berücksichtigen. Da vernünftige Diskussionen nun einmal in Worten geführt werden, wird ein grundlegender und wesentlicher Teil des philosophischen Handwerkszeugs natürlich die Linguistik sein. Andere Fähigkeiten aber müssen dazukommen, denn anstatt allein Aussagen zu analysieren, muß der Philosoph lernen, sie zur allgemeinen Weltsicht und zum Begriffsverständnis des einzelnen in Beziehung zu setzen.

Dieser Vorgang in der Philosophie ist natürlich selbst ein Spiel und zudem eines, das besonders schwierig zu spielen ist. Es ist ungefähr so, als wenn die Philosophie von einem höheren Stockwerk aus die Menschen bei ihren mit mehr oder weniger Erfolg gespielten Spielen beobachtete und dann ihre Regeln beurteilte und kritisierte. Oder es ist so, als bekäme jemand eine Spielesammlung zu Weihnachten geschenkt, zu der die Regeln fehlen. Man muß dann herausfinden, was für Spiele das sind, wie sie gespielt werden sollen und ob es sich überhaupt lohnt, sie zu spielen. Dies alles führt zu genauesten Voraussetzungen, nämlich zur Forderung nach logischer Genauigkeit – denn das Spiel der Philosophie sollte zielgerichtet sein, nicht nur ein Vergleich unterschiedlicher Vorstellungen (concepts) –, und weiter zur Forderung nach größter Aufnahmebereitschaft, damit wir für alle existierenden Spiele offen sind. Die Bedeutung der Philosophie auf jeder Lebensstufe und in jedem Lebenszusammenhang ist deutlich geworden, denn ohne den Prozeß der Bewußtwerdung, ohne sich über die Regeln klarzuwerden, ist es wahrscheinlich unmöglich, etwas zu bewerten oder irgendeine bewußte Veränderung im Leben vorzunehmen. Sicherlich können wir uns ändern und ohne Philosophie leben ebenso wie ohne den gesunden Menschenverstand oder ohne einige unserer fünf Sinne. Aber nicht so gut. Wir benötigen unbedingt eine Technik zur Bewältigung dieser Probleme; und wahrscheinlich ist es das erste Mal, daß wir, ohne sehr viel weitergehende Forschungen, eine solche Technik auf einem sicheren Fundament gründen können. Denn wir erkennen wenigstens die Bereiche, die dazugehören – die Literatur, die Kunst, die Soziologie usw. – und können anfangen, über ihre Methoden nachzudenken und über die Art, wie sie mit den Lebensfragen in Beziehung stehen. Und wir vermögen die Existenzberechtigung des Philosophen zu erkennen.

Die Begriffsanalyse ist also nur ein Instrument des Philosophen, aber ein sehr notwendiges, um ein höheres Bewußtsein zu wecken. Wenigstens etwas kann jeder zu jeder Zeit tun, er kann immer fragen: »Was bedeutet das eigentlich?« Wenn er mit einer rein *logischen* Analyse zufrieden ist, so ist diese zwar hilfreich, sie dringt aber nicht tief genug. Die Bedeutung eines Ausdrucks geht nämlich über seinen Gebrauch hinaus, sie ist mit dem gesamten Begriffsverständnis eines Menschen verbunden, das selbst wiederum in seiner Persönlichkeit und den Erfahrungen seiner Vergangenheit wurzelt. Aus diesem Grund müssen wir viel mehr als nur eine rein verbale Landschaft kartographieren, vergleichbar jemandem, der die Geographie eines Landes wirklich verstehen will und der sich deswegen nicht nur mit der Oberfläche der Landschaft befassen muß, sondern auch mit der Geologie, der Natur des Untergrundes, der Gesteinsgeschichte usw. Natürlich unterscheidet sich die Geographie von der Geologie, und um Mißverständnisse zu vermeiden, müssen wir natürlich die Philosophie von der Psychologie, Geschichte, Soziologie usw. unterscheiden. Aber selbst dies ist etwas irreführend. Wir machen uns etwas vor, wenn wir davon ausgehen, daß diese Wissenschaften vom Menschen sich mit völlig unterschiedlichen und getrennten Gegenstandsbereichen befassen. Besser, man sagt, daß es menschliche Probleme gibt, die man philosophisch, psychologisch, soziologisch usw. angehen kann und muß. Wir brauchen ein harmonisch arbeitendes Team von Fachleuten, die jeweils ihre besondere Methode des Zugangs zu den Problemen haben, aber keine Spezialisten, die allein in ihren Arbeitszimmern und Laboratorien arbeiten. Eine solche Arbeitsweise ließe, wie ich glaube, die Methoden der Philosophie für jedermann ebenso verständlich und wichtig werden wie die der elementaren Mathematik oder des Lesens und Schreibens. Eine Gefahr besteht allerdings darin, daß die enge Verbindung dieser unterschiedlichen Fächer dazu führen könnte, keine mit genügendem Ernst und Nachdruck zu betreiben. Was dabei herauskommt, könnte dann eine Art sorgloser und unbefangener Wirrwarr von unbestimmten Kulturbereichen sein, die wohl irgendwie, aber nicht gerade zwingend und unmittelbar mit menschlichen Problemen zu tun haben. Dies ist einer der Gründe, weshalb ich meine, daß man sich als erstes die Begriffsanalyse, die richtig betrieben eine sehr genaue Disziplin ist, als ein gutes Werkzeug aneignen sollte. Ich hoffe aber, es ist auch zu erkennen, daß dann, wenn wir die Begriffsanalyse in Verbindung mit anderen Instrumenten anwenden, möglicherweise Ergebnisse erreicht werden, die unsere Erwartungen übertreffen.

IV. Die Praxis der Analyse

Auch wenn es sich hier in gewisser Weise um ein Lehrbuch handelt, möchte ich gern den Eindruck vermeiden, daß der Leser nur die angegebenen Beispiele durchzuarbeiten brauche, um für alle Fälle, in denen Begriffsfragen auftauchen, gewappnet zu sein, daß er also Mehrdeutigkeiten, ungenaues Denken oder Mangel an logischem Bewußtsein in Zukunft immer erkennen werde. Ein wesentlicher Teil der Analyseübung besteht darin zu erkennen, wann Textpassagen und Fragen der Analyse bedürfen im Unterschied zur Fähigkeit, lediglich einen vorgegebenen Ausschnitt analysieren oder eine bestimmte Frage beantworten zu können.
Was der Leser durch diese praktischen Beispiele erlangen soll, ist deshalb vornehmlich ein Gefühl der Sicherheit, d. h. ein Gefühl, daß er jetzt eine genauere Vorstellung davon hat, was die Begriffsanalyse ist.
Jede Textpassage und jede Begriffsfrage unterscheidet sich von der anderen. Ich habe mich bemüht, Fragen aus unterschiedlichen Bereichen auszuwählen und Texte von Autoren verschiedener Zeiten, Interessen und Stile zu finden, um etwas von der Vielfalt der Zusammenhänge deutlich werden zu lassen, in denen die Begriffsanalyse wichtig werden kann. Die Entwicklung hin zu einer völligen Beherrschung der Analyse ist allerdings niemals abgeschlossen, und die Hauptlast der Arbeit liegt unvermeidlich beim Leser selbst: wenn er die Literatur liest, die ihn interessiert, Rundfunk hört, die Morgenzeitung zur Hand nimmt, mit seinen Freunden diskutiert oder für sich über etwas nachdenkt. Der Wert der Begriffsanalyse besteht nicht zuletzt in diesem Streben des einzelnen nach logischem Denken und größerem logischem Verständnis.

A. Textstellen

1.

Laßt uns aber auch so erwägen, wie groß die Hoffnung ist, daß es etwas Gutes sei. Eins von beiden ist doch das Totsein: Entweder ist es ein Nichts-Sein, und keinerlei Empfindung mehr haben wir nach dem Tode – oder es ist, wie die Sage geht, irgendeine Versetzung und eine Auswanderung der Seele aus dem Orte hier an einen andern. Und wenn es keinerlei Empfindung gibt, sondern einen Schlaf, wie wenn einer schläft und kein Traumbild sieht, dann wäre der Tod ein wundervoller Gewinn. Denn ich glaube, wenn jemand eine solche Nacht, in der er so tief schlief, daß ihm nichts mehr träumte, auswählen und ihr die andern Nächte und Tage seines Lebens gegenüberstellen und sie dann miteinander vergleichen sollte, wie viele Tage und Nächte er besser und angenehmer als jene eine Nacht erlebt habe in seinem Leben, ich glaube: nicht nur ein einfacher Bürger, sondern der Großkönig selbst würde finden, solche Tage und Nächte seien leicht zu zählen gegenüber allen übrigen. Wenn der Tod von dieser Art ist, nenne ich ihn einen Gewinn, denn dann erscheint die Ewigkeit doch um nichts länger als eine *Nacht. Wenn dagegen der Tod wie eine Auswanderung ist von hier an einen andern Ort und wenn die Sage wahr ist, daß dort alle Gestorbenen insgesamt weilen, welches Gut wäre dann größer als dies, ihr Richter?*

(Platon: Apologie. Aus: P., Apologie. Kriton. Übertr., eingel. u. hrsg. von Kurt Hildebrandt. Stuttgart: Reclam 1982 [[1]1951]. Reclams UB Nr. 895. S. 50 f.)

2.

Das Wichtigste ist der Aufbau der Handlungen. Denn die Tragödie ist nicht die Nachahmung von Menschen, sondern von Handlungen und Lebensweisen, von Glück und Unglück. (Glück und Unglück beruhen aber in Handlungen

und das Ziel der Tragödie ist eine Handlung, keine charakterliche Qualität. Qualifiziert sind die Menschen je nach ihrem Charakter, glücklich oder unglücklich sind sie aber auf Grund ihrer Handlungen.) Sie handeln also nicht, um die Charaktere darzustellen, sondern in den Handlungen sind auch die Charaktere eingeschlossen. Darum sind Handlung und Mythos Ziel der Tragödie. Das Ziel ist aber das Wichtigste von allem.
Es könnte ja auch ohne Handlung gar keine Tragödie entstehen, dagegen wohl ohne Charaktere. Die Tragödien der Neueren sind zum größten Teil ohne Charaktere, und überhaupt gilt dies von vielen Dichtern, die sich dann so verhalten wie unter den Malern etwa Zeuxis zu Polygnotos. Denn Polygnotos war ein guter Maler von Charakteren, die Malereien des Zeuxis zeigen aber keine Charaktere.
Ferner wird man, auch wenn man Reden aufreihte, die Charaktere darstellen und in Wortwahl und Psychologie gut gemacht sind, damit keineswegs tun, was zu einer Tragödie gehört; eine Tragödie ist vielmehr diejenige, die einen Mythos und einen Handlungszusammenhang besitzt, mag sie auch in jenem schwächer sein.

(Aristoteles: Poetik. Übers., Einl. u. Anm. von Olof Gigon. Stuttgart: Reclam 1961. Reclams UB Nr. 2337. S. 31 f.)

3.

Gefängnisirrenhäuser sind von einer stattlichen Anzahl von Mördern besetzt, die irgendwelchen Stimmen Folge geleistet haben. So mag eine Frau Stimmen vernehmen, die ihr auftragen, die Kehle ihres Mannes zu durchschneiden und ihr Kind zu erdrosseln, während sie im Schlafe liegen; und sie kann sich vielleicht verpflichtet fühlen, diesem Befehl Folge zu leisten. Einem medizinisch-gesetzlichen Aberglauben zufolge halten Gerichtshöfe daran fest, daß Verbrecher, deren Versuchungen sich in solchen Illusionen offenbaren, für ihre Handlungen nicht verantwortlich gemacht werden könnten und als Wahnsinnige behandelt werden müßten. Aber diejenigen, die Visionen erschauen und Offenbarungen vernehmen, sind nicht immer Verbrecher. Die Inspirationen und Intuitionen und die im Unterbewußtsein gezogenen Schlüsse der Genies nehmen manchmal die Form ähnlicher Illusionen an. Sokrates, Luther, Swedenborg und Blake hatten Visionen und hörten Stimmen, ganz so wie der heilige Franziskus und die heilige Johanna. Wäre Newtons Einbildungskraft von der gleichen, lebhaft dramatischen Art gewesen, so hätte er wohl den Geist des Pythagoras in den Garten treten sehen und erklären hören, warum die Äpfel zu Boden fielen. Eine solche Illusion würde weder die Gravitationstheorie entkräftet noch Newtons gesunden Menschenverstand in Frage gestellt haben. Und was noch mehr ist – die visionäre Methode, die zu der Entdeckung führte, wäre um keinen Pfifferling wunderbarer als die normale Methode. Der Beweis für die geistige Gesundheit ist nicht die Üblichkeit der Methode, sondern die Klugheit der Entdeckung.

(Bernard Shaw: Die heilige Johanna. Dramatische Chronik in 6 Szenen und einem Epilog. Übers. von Wolfgang Hildesheimer. Frankfurt a. M.: Suhrkamp 1981. S. 17 f. © 1971 Suhrkamp Verlag, Frankfurt a. M.)

4.

Die Würde der Menschheit verleugnen wir, wenn wir z. E. uns dem Trunke ergeben, unnatürliche Sünden begehen, alle Arten von Unmäßigkeit ausüben usw., welches alles den Menschen weit unter die Tiere erniedriget. Ferner, wenn ein Mensch sich kriechend gegen andere beträgt, immer Komplimente macht, um sich durch ein so unwürdiges Benehmen, wie er wähnt, einzuschmeicheln, so ist auch dieses wider die Würde der Menschheit.

(Immanuel Kant: Werke in 6 Bdn. Hrsg. von Wilhelm Weischedel. Wiesbaden u. Frankfurt a. M.: Insel Verlag 1956 ff. Bd. 6. S. 749 f.)

5.

Höflichkeit. *Wenn wir zuweilen die Geduld verlieren, unsere Meinung einfach auf den Tisch werfen und dabei bemerken, daß der andere zusammenzuckt, berufen wir uns mit Vorliebe darauf, daß wir halt ehrlich sind. Oder wie man so gerne sagt, wenn man sich nicht mehr halten kann: Offen gestanden! Und dann, wenn es heraus ist, sind wir zufrieden; denn wir sind nichts anderes als ehrlich gewesen, das ist ja die Hauptsache, und im weiteren überlassen wir es dem andern, was er mit den Ohrfeigen anfängt, die ihm unsere Tugend versetzt.*
Was ist damit getan?
Wenn ich einem Nachbarn sage, daß ich ihn für einen Hornochsen halte – vielleicht braucht es Mut dazu, wenigstens unter gewissen Umständen, aber noch lange keine Liebe, sowenig wie es Liebe ist, wenn ich lüge, wenn ich hingehe und ihm sage, ich bewundere ihn. Beide Haltungen, die wir wechselweise einnehmen, haben eines gemeinsam: sie wollen nicht helfen. Sie verändern nichts. Im Gegenteil, wir wollen nur die Aufgabe loswerden ... [...]
Das Höfliche, oft als leere Fratze verachtet, offenbart sich als eine Gabe der Weisen. Ohne das Höfliche nämlich, das nicht im Gegensatz zum Wahrhaftigen steht, sondern eine liebevolle Form für das Wahrhaftige ist, können wir nicht wahrhaftig sein und zugleich in menschlicher Gesellschaft leben, die hinwiederum allein auf der Wahrhaftigkeit bestehen kann – also auf der Höflichkeit.
Höflichkeit natürlich nicht als eine Summe von Regeln, die man drillt, sondern als eine innere Haltung, eine Bereitschaft, die sich von Fall zu Fall bewähren muß –
Man hat sie nicht ein für allemal.
Wesentlich, scheint mir, geht es darum, daß wir uns vorstellen können, wie sich ein Wort oder eine Handlung, die unseren eigenen Umständen entspringt, für den anderen ausnimmt. Man macht, obschon es vielleicht unsrer eignen

Laune entspräche, keinen Witz über Leichen, wenn der andere gerade seine Mutter verloren hat, und das setzt voraus, daß man an den andern denkt. Man bringt Blumen: als äußeren und sichtbaren Beweis, daß man an die andern gedacht hat, und auch alle weiteren Gebärden zeigen genau, worum es geht. Man hilft dem andern, wenn er den Mantel anzieht. Natürlich sind es meistens bloße Faxen; immerhin erinnern sie uns, worin das Höfliche bestünde, das wirkliche, wenn es einmal nicht als Geste vorkommt, sondern als Tat, als lebendiges Gelingen – [. . .].

(Max Frisch: Gesammelte Werke in zeitlicher Folge. Bd. 2: Tagebuch 1944–1949. Frankfurt a. M.: Suhrkamp 1976. S. 393–395: »Höflichkeit«. © 1950 Suhrkamp Verlag, Frankfurt a. M.)

6.

Interviewer: *Herr Professor, hinter Ihrem politischen Programm steht natürlich eine bestimmte wissenschaftstheoretische Grundhaltung. Lassen Sie uns darüber kurz sprechen. Zunächst: Sind ethisch-soziale Normen überhaupt rein wissenschaftlich begründbar oder basieren sie auf zwar überlegten, aber letztlich nicht mehr rational voll begründbaren, subjektiven Wertentscheidungen?*

Herbert Marcuse: *Sie basieren bestimmt nicht auf subjektiven Wertentscheidungen. Alles hängt davon ab, was Sie unter »Wissenschaft« und »Wissenschaftlichkeit« verstehen. Wenn Sie glauben, daß das naturwissenschaftliche Modell das einzige Modell der Wissenschaftlichkeit ist, dann allerdings sind die Sozialwissenschaften und die Normen oder Werte, die in ihr vorherrschend sind, unwissenschaftlich. Aber ich halte die Identifizierung von Wissenschaftlichkeit und naturwissenschaftlichem Modell für eine einseitige Arroganz oder einfach für falsch. Es gibt eine Wissenschaftlichkeit, die auf der kritischen Analyse der Tatsachen beruht und die Bereiche einschließt, die der naturwissenschaftlichen Methode und ihrer Quantifizierung völlig unzugänglich sind. Ich würde daher sagen, daß die Wissenschaftlichkeit, wie sie in den Sozialwissenschaften herrscht oder wenigstens herrschen sollte, in gewissem Sinne sogar exakter und richtiger ist als das naturwissenschaftliche Modell.*

(Revolution oder Reform? Herbert Marcuse und Karl Popper. Eine Konfrontation. Hrsg. von Franz Stark. München: Kösel 1971. S. 30.)

7.

Törleß wurde später, nachdem er die Ereignisse seiner Jugend überwunden hatte, ein junger Mann von sehr feinem und empfindsamem Geiste. Er zählte dann zu jenen ästhetisch-intellektuellen Naturen, welchen die Beachtung der Gesetze und wohl auch teilweise der öffentlichen Moral eine Beruhigung gewährt, weil sie dadurch enthoben sind, über etwas Grobes, von dem feineren seelischen Geschehen Weitabliegendes nachdenken zu müssen, die aber eine gelangweilte Unempfindlichkeit mit dieser großen äußeren, ein wenig ironischen Korrektheit verbinden, sobald man ein persönlicheres Interesse für deren Gegenstände von ihnen verlangt. Denn dieses wirklich sie selbst ergreifende Interesse sammelt sich bei ihnen einzig auf das Wachstum der Seele, des Geistes, oder wie immer man das benennen mag, was hie und da durch einen Gedanken zwischen den Worten eines Buches oder vor den verschlossenen Lippen eines Bildes in uns gemehrt wird; was manchmal erwacht, wenn irgendeine einsame, eigenwillige Melodie von uns fortgeht und – ins Ferne schreitend – mit fremden Bewegungen an dem dünnen, roten Faden zerrt, unseres Blutes, den sie hinter sich herzieht; das aber immer verschwunden ist, wenn wir Akten schreiben, Maschinen bauen, in den Zirkus gehen oder den hundert anderen ähnlichen Beschäftigungen folgen.

(Robert Musil: Die Verwirrungen des Zöglings Törleß. Reinbek bei Hamburg: Rowohlt Taschenbuch Verlag [6]1978. S. 111 f.)

8.

Die Eigenschaft, ein Kunstwerk zu sein, ist nichts endgültig Festgelegtes, nichts Unverrückbares, sondern eine Frage der Vereinbarung, die von den Kräften und Erwartungen entschieden wird, die jeweils das kulturelle Feld ordnen. Was heute als Kunstwerk gilt, kann diesen Anspruch eines Tages einbüßen, hingegen können andere Gegenstände – klassisches Beispiel: Duchamps »Flaschentrockner« – unversehens in den Radius der Kunstwerke einbezogen werden. Wir fragen weiter: als Frau Dürer die Stiche und Holzschnitte ihres Mannes auf dem Jahrmarkt verkaufte, war sie da von Kunst*kennern oder von bildhungrigen Käufern umringt? Und wie verhält es sich mit dem Grafiker, dessen Arbeiten eines Tages von der Plakatwand, wo sie kaum jemand als* Kunst *bemerkt, in die Sammlungen eines Museums übersiedeln? Oder mit den Künstlern, für die heute die Malerei ein Mittel ist, »die Malerei zu verlassen« (Arnulf Rainer)? Wer mit künstlerischen Mitteln die Kunst überwinden will, leistet – oft gegen seinen Willen – wichtige Beiträge zur Öffnung und zur Erschließung neuer künstlerischer Möglichkeiten. So wird der Kunstbegriff von der Praxis immer wieder neu bestimmt. Diesen dynamischen Prozeß, der sich zwischen Herstellern und Empfängern – den Künstlern und uns also – abspielt, sollte man nicht durch Verordnungen bevormunden. Die Grenzen sind fließend – man denke bloß an die Fotografie und den müßigen Streit, ob man sie als Kunst gelten lassen dürfe oder nicht. Über diese Fragen ein für allemal mit geschmacksrichterlicher Autorität zu entscheiden, vermag nur, wer mit dem geeichten Maß eines vorgefaßten Kunstbegriffs (sprich: Kunstideals) an die Tatsachen herangeht. Das heißt, daß die Berufung auf* die Kunst *die sicherste Methode ist, um die künstlerischen Wirklichkeiten, die uns umgeben, zu verfehlen.*

(Werner Hofmann: Kunst – Was ist das? Katalog der Ausstellung in der Hamburger Kunsthalle 22. 7.–2. 10. 1977. S. 104.)

9.

Ein Wunder ist eine Verletzung der Naturgesetze, und da eine feste und unabänderliche Erfahrung diese Gesetze errichtet hat, ist der Beweis gegen ein Wunder aus der Natur der Sache so vollgültig, wie sich eine Begründung aus der Erfahrung nur überhaupt denken läßt. Warum ist es mehr als wahrscheinlich, daß alle Menschen sterben müssen, daß Blei nicht von selbst in der Luft schweben bleibt, daß Feuer Holz verbrennt und durch Wasser gelöscht wird – wenn nicht deshalb, daß diese Ereignisse als im Einklang mit den Naturgesetzen befunden werden und daß es einer Durchbrechung dieser Gesetze bedarf oder, mit anderen Worten, eines Wunders, um sie zu verhindern? Nichts gilt als Wunder, was im gewöhnlichen Naturablauf geschieht. Es ist kein Wunder, daß ein anscheinend gesunder Mensch plötzlich stirbt, denn solche Todesart – obgleich sie ungewöhnlicher als eine andere ist – ist häufig angetroffen worden. Es ist aber ein Wunder, daß ein Toter wieder lebendig wird, denn das ist niemals, zu keiner Zeit und an keinem Ort, beobachtet worden. Somit muß eine einheitliche Erfahrung jedem Wunder entgegenstehen, anderenfalls würde das Ereignis diese Bezeichnung nicht verdienen. Und da eine einheitliche Erfahrung auf einen Beweis hinausläuft, so haben wir hier einen unmittelbaren und vollen Beweis *aus der Natur der Sache gegen die Existenz jedes Wunders. Ein solcher Beweis kann nicht zunichte oder das Wunder glaubhaft gemacht werden, außer durch einen überlegenen Gegenbeweis.*

(David Hume: Eine Untersuchung über den menschlichen Verstand. Übers. u. hrsg. von Herbert Herring. Stuttgart: Reclam 1967. Reclams UB Nr. 5489 [3]. S. 147 f.)

10.

Die Natur der Dinge erkennen wir aus ihren Wirkweisen. Die einzelnen Wissenschaften gehen bei der Erforschung der leblosen Natur und der Naturgesetze von der Beobachtung der Kräfte aus, die in ihnen wirksam sind, so von den Verhaltensweisen der Lebewesen, namentlich denen gegenüber ihrer Umwelt. Bei der Erhebung der Natur des Menschen und der ihr wesenseigenen Gesetze des Verhaltens kann der Weg kein anderer sein. Wir müssen daher die Kräfte, Triebe und Antriebe untersuchen, die wir im Menschen am Werke finden. Auf den ersten Blick werden sich der Beobachtung darbieten: der Trieb zur Selbsterhaltung, der Nahrungstrieb, der Trieb nach Unterhaltssicherung, der Vorsorge für die Zukunft, der Geschlechtstrieb, die Liebe der Eltern zu ihren Kindern, der Trieb zum Familienleben, der Trieb zur Gesellung, der Trieb nach Erweiterung von Erfahrung und Wissen, der Trieb nach dem Schönen, das Verlangen nach Achtung von seiten anderer, der Trieb nach einem geordneten Verhältnis zum höchsten Wesen, alle anderen Triebzwecke einbeziehend, der Glückstrieb.

(Johannes Messner: Die Natur des Menschen als Grundlage des Sittengesetzes. Aus: J. M., Das Naturrecht. Innsbruck, Wien u. München: Verlagsanstalt Tyrolia [6]1966. S. 33.)

11.

Die sittliche Ordnung will, daß sich der Verkehr der Geschlechter grundsätzlich in der Einehe vollziehe, weil der Sinn und die Folge des Verkehrs das Kind ist. Um seinetwillen und um der personhaften Würde und der Verantwortung der Geschlechtspartner willen ist dem Menschen die Einehe als Lebensform gesetzt. Nur in der Ordnung der Ehe und in der Gemeinschaft der Familie kann das Kind gedeihen und sich seiner menschlichen Bestimmung gemäß entfalten. Nur in dieser Ordnung und in dieser Gemeinschaft nehmen sich die Geschlechtspartner so ernst, wie sie es sich schulden. Gerade weil die naturhaft nächste Beziehung der Geschlechter so folgenreich und zugleich so verantwortungsbeladen ist, kann sie sich nur in der ehelichen Gemeinschaft zweier einander achtender und einander zur lebenslangen Treue

verpflichteter Partner sinnvoll erfüllen. Indem das Sittengesetz dem Menschen die Einehe und die Familie als verbindliche Lebensform gesetzt und indem es diese Ordnung auch zur Grundlage des Lebens der Völker und Staaten gemacht hat, spricht es zugleich aus, daß sich der Verkehr der Geschlechter grundsätzlich nur in der Ehe vollziehen soll und daß der Verstoß dagegen ein elementares Gebot geschlechtlicher Zucht verletzt.
Dieses Gebot gilt auch, und zwar in besonderem Maße, für die Verlobten, die ja nicht eine flüchtige erotische Beziehung, sondern eine lebenslange verantwortliche Bindung anstreben und die sich deswegen besonders gegenseitige Achtung, aber auch Achtung vor dem Gesetz der Ehe schulden. Denn das Verlöbnis bindet noch nicht endgültig; es kann einseitig aufgelöst werden und braucht nicht zur Ehe zu führen. Gerade die Achtung voreinander, insbesondere aber die Achtung vor der Frau, die hier mehr einsetzt und mehr zu verlieren hat als der Mann, und die Achtung vor dem Kind und seinem künftigen Schicksal fordern auch von den Verlobten die grundsätzliche Einhaltung des Gebots.

(Bundesgerichtshof: Das natürliche Sittengesetz im Umgang der Geschlechter. Aus: Entscheidungen des Bundesgerichtshofes in Strafsachen, Bd. 6, 1954, S. 53 f.)

12.

Während die meisten streng egalitären Forderungen nur aus Neid geboren sind, müssen wir anerkennen, daß viele Forderungen nur an der Oberfläche als Gleichheitsforderungen erscheinen, in Wirklichkeit aber Forderungen nach gerechterer Verteilung der Güter dieser Welt sind und aus viel achtbareren Motiven stammen. Die meisten Menschen richten ihre Einwände nicht gegen die bloße Tatsache der Ungleichheit, sondern gegen die Verschiedenheit der Entlohnung, die nicht einem erkennbaren Unterschied im Verdienst der verschiedenen Empfänger entspricht. Darauf wird ge-

wöhnlich geantwortet, daß der freie Markt im großen und ganzen diese Art Gerechtigkeit zustande bringt. Wenn mit Gerechtigkeit jedoch ein Verhältnis der Entlohnung zum moralischen Verdienst gemeint ist, ist das eine nicht vertretbare Behauptung. Jeder Versuch, die Freiheit mit diesem Argument zu verteidigen, richtet nur Schaden an, da damit zugegeben wird, daß die materielle Entlohnung in ein Verhältnis zu erkennbarem Verdienst gebracht werden sollte, und dann den Schlußfolgerungen, die die meisten Leute daraus ziehen, eine Behauptung entgegengestellt wird, die nicht stimmt. Die richtige Antwort ist, daß es in einem freien System weder wünschenswert noch durchführbar ist, daß die materielle Entlohnung allgemein dem entsprechen soll, was die Menschen als Verdienst ansehen, und daß es wesentlich für eine freie Gesellschaft ist, daß die Position des einzelnen nicht notwendig von den Ansichten seiner Mitmenschen über seine Verdienste abhängt.

(Friedrich A. von Hayek: Argumente gegen die Verteilungsgerechtigkeit. Aus: F. A. v. H., Die Verfassung der Freiheit. Tübingen: Mohr 1971. S. 113 f.)

13.

Meiner Ansicht nach ist die Todesstrafe moralisch unzulässig. Sie wirkt sich auf alle – nicht nur auf die, die unmittelbar mit ihr zu tun haben – schädigend aus; sie ist mit ungeheueren Kosten belastet; sie wiegt die Allgemeinheit fälschlich in Sicherheit; vor allem aber vernebelt sie den gesamten Problemkreis der kriminellen Motivation, der von ausschlaggebender Bedeutung ist, wenn es darum geht, was wir für den Täter und mit dem Täter tun können und was gleichzeitig für die Gesellschaft als ganze am konstruktivsten ist. Einen Verbrecher zu bestrafen, sogar zu töten, vermag durchaus eine gewisse Befriedigung zu gewähren: Wir müssen wohl alle zugestehen, daß es Zeiten gibt, in denen wir von dem, was ein Verbrecher angerichtet hat, so betroffen sind, daß wir uns einreden, es könne nicht sein, daß der Schöpfer einen solchen Menschen habe erschaffen wollen; wir täten folglich gut daran, diesen Fehler nachträglich zu korrigieren. Aber in dieser Weise den lieben Gott spielen zu wollen läßt sich moralisch und wissenschaftlich in keiner Weise rechtfertigen.

(Karl Menninger: Therapie statt Strafe. Aus: K. M., Verdict Guilty. Now what? In: Harper's Magazine, August 1959, S. 64. Übers. von Dieter Birnbacher.)

14.

Irrtum vom freien Willen. – Wir haben heute kein Mitleid mehr mit dem Begriff »freier Wille«: wir wissen nur zu gut, was er ist – das anrüchigste Theologen-Kunststück, das es gibt, zum Zweck, die Menschheit in ihrem Sinne »verantwortlich« zu machen, das heißt sie von sich abhängig zu machen... Ich gebe hier nur die Psychologie alles Verantwortlichmachens. – Überall, wo Verantwortlichkeiten gesucht werden, pflegt es der Instinkt des Strafen- und Richten-Wollens zu sein, der da sucht. Man hat das Werden seiner Unschuld entkleidet, wenn irgendein So-und-so-Sein auf Wille, auf Absichten, auf Akte der Verantwortlichkeit zurückgeführt wird: die Lehre vom Willen ist wesentlich erfunden zum Zweck der Strafe, das heißt des Schuldigfinden-wollens. Die ganze alte Psychologie, die Willens-Psychologie hat ihre Voraussetzung darin, daß deren Urheber, die Priester an der Spitze alter Gemeinwesen, sich ein Recht schaffen wollten, Strafen zu verhängen – oder Gott dazu ein Recht schaffen wollten... Die Menschen wurden »frei« gedacht, um gerichtet, um gestraft werden zu können – um schuldig werden zu können: folglich mußte jede Handlung als gewollt, der Ursprung jeder Handlung im Bewußtsein liegend gedacht werden (– womit die grundsätzlichste Falschmünzerei in psychologicis zum Prinzip der Psychologie selbst gemacht war...). Heute, wo wir in die umgekehrte Bewegung eingetreten sind, wo wir Immoralisten zumal mit aller Kraft den Schuldbegriff und den Strafbegriff aus der

Welt wieder herauszunehmen und Psychologie, Geschichte, Natur, die gesellschaftlichen Institutionen und Sanktionen von ihnen zu reinigen suchen, gibt es in unsern Augen keine radikalere Gegnerschaft als die der Theologen, welche fortfahren, mit dem Begriff der »sittlichen Weltordnung« die Unschuld des Werdens durch »Strafe« und »Schuld« zu durchseuchen. Das Christentum ist eine Metaphysik des Henkers...

(Friedrich Nietzsche: Götzen-Dämmerung. Aus: F. N., Werke in 3 Bdn. Hrsg. von Karl Schlechta. München: Hanser 1966. S. 976 f.)

15.

Von allem, was positiv ist und was menschliche Konventionen einführten, ist die Kunst wie die Wissenschaft losgesprochen, und beide erfreuen sich einer absoluten Immunität von der Willkür der Menschen. Der politische Gesetzgeber kann ihr Gebiet sperren, aber darin herrschen kann er nicht. Er kann den Wahrheitsfreund ächten, aber die Wahrheit besteht; er kann den Künstler erniedrigen, aber die Kunst kann er nicht verfälschen. Zwar ist nichts gewöhnlicher, als daß beide, Wissenschaft und Kunst, dem Geist des Zeitalters huldigen und der hervorbringende Geschmack von dem beurteilenden das Gesetz empfängt. Wo der Charakter straff wird und sich verhärtet, da sehen wir die Wissenschaft streng ihre Grenzen bewachen und die Kunst in den schweren Fesseln der Regel gehn; wo der Charakter erschlafft und sich auflöst, da wird die Wissenschaft zu gefallen und die Kunst zu vergnügen streben. Ganze Jahrhunderte lang zeigen sich die Philosophen wie die Künstler geschäftig, Wahrheit und Schönheit in die Tiefen gemeiner Menschheit hinabzutauchen; jene gehen darin unter, aber mit eigner unzerstörbarer Lebenskraft ringen sich diese siegend empor.

(Friedrich Schiller: Über die ästhetische Erziehung des Menschen. Mit einem Nachw. von Käte Hamburger. Stuttgart: Reclam 1965. Reclams UB Nr. 8994[2]. S. 32.)

16.

Was ist Genie? Wer's nicht ist, kann nicht; und wer's ist, wird nicht antworten. – Vielleicht kann's und darf's einigermaßen, wer dann und wann gleichsam in der Mitte schwebt, und dem's wenigstens bisweilen gegeben ist, in die Höhe über sich, und in die Tiefe unter sich – hinzublicken.
Was ist Genie? was ist's nicht? Ist's bloß Gabe ausnehmender Deutlichkeit in seinen Vorstellungen und Begriffen? Ist's bloß anschauende Erkenntnis? Ist's bloß richtig sehen und urteilen? viel wirken? ordnen? geben? verbreiten? Ist's bloß – ungewöhnliche Leichtigkeit zu lernen? zu sehen? zu vergleichen? Ist's bloß Talent. –
Genie ist Genius.
Wer bemerkt, wahrnimmt, schaut, empfindet, denkt, spricht, handelt, bildet, dichtet, singt, schafft, vergleicht, sondert, vereinigt, folgert, ahndet, gibt, nimmt – als wenn's ihm ein Genius, ein unsichtbares Wesen höherer Art diktiert oder angegeben hätte, der hat Genie; als wenn er selbst ein Wesen höherer Art wäre – ist Genie.

(Johann Caspar Lavater: Physiognomische Fragmente zur Beförderung der Menschenkenntnis und Menschenliebe. Aus: Sturm und Drang. Dichtungen und theoretische Texte in 2 Bdn. Ausgew. u. mit einem Nachw. von Heinz Nicolai. Bd. 1. Darmstadt: Wissenschaftliche Buchgesellschaft 1971. S. 343 f.)

17.

Heute ist die Aufforderung nicht eben selten, wir sollten natürlich leben. Wir wollen diese Forderung in ihrer üblichen Form einmal prüfen. Zunächst ist klar, daß man nicht sagen kann, alles Natürliche sei gut, es sei denn vielleicht auf Grund einer bestimmten metaphysischen Theorie, mit der ich mich später befassen werde. Wenn alles Natürliche in gleichem Maße gut ist, dann gibt es sicher keine Ethik im normalen Sinne. Denn nichts ist vom ethischen Standpunkt aus selbstverständlicher, als daß manches schlecht und ande-

res gut ist; Aufgabe der Ethik ist es ja zu einem großen Teil, uns allgemeine Regeln an die Hand zu geben, womit wir das eine vermeiden und das andere erlangen können. Was also bedeutet in diesem Rat, natürlich zu leben, »natürlich«, da es offensichtlich nicht auf alles, was natürlich ist, anwendbar ist?

(George Edward Moore: Principia Ethica. Hrsg. von Burkhard Wisser. Stuttgart: Reclam 1970. Reclams UB Nr. 8375[4]. S. 80.)

18.

Was aber ist Toleranz? Wenn wir von jemandem sagen, er sei tolerant, so meinen wir damit in aller Regel das Verhalten eines Menschen, der seine Mitmenschen gutwillig gewähren läßt, sie in ihrem Tun und Denken nicht einschränkt. Bei dieser landläufigen Vorstellung von Toleranz geht jedoch etwas vom ursprünglichen Sinn des Begriffes verloren. Denn tolerieren bedeutet ja nicht so sehr gewähren lassen, als vielmehr ertragen, *dulden. Ich muß einen anderen Menschen oder, wenn wir von sozialen Gruppen sprechen, eine andere Gruppe nur dann ertragen, wenn ich nicht mit ihm oder ihr übereinstimme. Wenn ich etwas ohnehin billige, bedarf es nicht der Toleranz. Zum Tolerantsein gehört also begriffsnotwendig eine Art von Mißbilligung dessen, was einer tut oder denkt. Toleranz ist eine Tugend, ein moralisches Verhalten, und zur Idee der Tugend gehört unabdingbar, daß sie nicht die bloße Folge unserer natürlichen Neigungen, sondern das Ergebnis einer moralischen Anstrengung ist. Tolerant sein bedeutet also, sich mit etwas abfinden, obwohl es einem gegen den Strich geht.*

(Kurt Sontheimer: Ist Toleranz noch sinnvoll? Aus: Die Zeit, 11. 1. 1973.)

19.

Ich muß gestehen: daß ein schönes Gedicht mir immer ein reines Vergnügen gemacht hat, anstatt daß die Lesung der besten Rede eines römischen Volks- oder jetzigen Parlaments- oder Kanzelredners jederzeit mit dem unangenehmen Gefühl der Mißbilligung einer hinterlistigen Kunst vermengt war, welche die Menschen als Maschinen in wichtigen Dingen zu einem Urteile zu bewegen versteht, das im ruhigen Nachdenken alles Gewicht bei ihnen verlieren muß. Beredtheit und Wohlredenheit (zusammen Rhetorik) gehören zur schönen Kunst; aber Rednerkunst (ars oratoria) ist, als Kunst sich der Schwächen der Menschen zu seinen Absichten zu bedienen (diese mögen immer so gut gemeint, oder auch wirklich gut sein, als sie wollen), gar keiner Achtung *würdig. Auch erhob sie sich nur, sowohl in Athen als in Rom, zur höchsten Stufe zu einer Zeit, da der Staat seinem Verderben zueilte und wahre patriotische Denkungsart erloschen war. Wer, bei klarer Einsicht in Sachen, die Sprache nach deren Reichtum und Reinigkeit in seiner Gewalt hat, und, bei einer fruchtbaren zur Darstellung seiner Ideen tüchtigen Einbildungskraft, lebhaften Herzensanteil am wahren Guten nimmt, ist der vir bonus dicendi peritus, der Redner ohne Kunst, aber voll Nachdruck, wie ihn* Cicero *haben will, ohne doch diesem Ideal selbst immer treu geblieben zu sein.*

(Immanuel Kant: Kritik der Urteilskraft. Hrsg. von Gerhard Lehmann. Stuttgart: Reclam 1963. Reclams UB Nr. 1026[7]. S. 268 f.)

20.

Kann man Liebe haben? *Wenn man das könnte, wäre Liebe ein Ding, eine Substanz, mithin etwas, was man haben und besitzen kann. Die Wahrheit ist, daß es kein solches Ding wie »Liebe« gibt. »Liebe« ist eine Abstraktion; vielleicht eine Göttin oder ein fremdes Wesen, obwohl niemand je diese*

Göttin gesehen hat. In Wirklichkeit gibt es nur den Akt des Liebens. *Lieben ist ein produktives Tätigsein, es impliziert, für jemanden (oder etwas) zu sorgen, ihn zu kennen, auf ihn einzugehen, ihn zu bestätigen, sich an ihm zu erfreuen – sei es ein Mensch, ein Baum, ein Bild, eine Idee. Es bedeutet, ihn (sie, es) zum Leben zu erwecken, seine (ihre) Lebendigkeit zu steigern. Es ist ein Prozeß, der einen erneuert und wachsen läßt.*

Wird Liebe aber in der Weise des Habens erlebt, so bedeutet dies, das Objekt, das man »liebt«, einzuschränken, gefangenzunehmen oder zu kontrollieren. Eine solche Liebe ist erwürgend, lähmend, erstickend, tötend statt belebend. Was als Liebe bezeichnet *wird, ist meist ein Mißbrauch des Wortes, um zu verschleiern, daß in Wirklichkeit nicht geliebt wird. Es ist eine immer noch offene Frage, wie viele Eltern ihre Kinder lieben. Die Berichte über Grausamkeiten gegenüber Kindern, von physischen bis zu psychischen Quälereien, von Vernachlässigung und purer Besitzgier bis hin zum Sadismus, die wir in bezug auf die letzten zwei Jahrtausende westlicher Geschichte besitzen, sind so schockierend, daß man geneigt ist zu glauben, liebevolle Eltern seien die Ausnahme, nicht die Regel.*

(Erich Fromm: Haben oder Sein. Die seelischen Grundlagen einer neuen Gesellschaft. Aus dem Engl. von Brigitte Stein. München: Deutscher Taschenbuch Verlag 1979. S. 52. © Deutsche Verlags-Anstalt, Stuttgart.)

21.

Wir wenden uns darum der anspruchsloseren Frage zu, was die Menschen selbst durch ihr Verhalten als Zweck und Absicht ihres Lebens erkennen lassen, was sie vom Leben fordern, in ihm erreichen wollen. Die Antwort darauf ist kaum zu verfehlen; sie streben nach dem Glück, sie wollen glücklich werden und so bleiben. Dies Streben hat zwei Seiten, ein positives und ein negatives Ziel, es will einerseits die Abwesenheit von Schmerz und Unlust, anderseits das Erleben starker Lustgefühle. Im engeren Wortsinne wird »Glück« nur auf das letztere bezogen. Entsprechend dieser Zweiteilung der Ziele entfaltet sich die Tätigkeit der Menschen nach zwei Richtungen, je nachdem sie das eine oder das andere dieser Ziele – vorwiegend oder selbst ausschließlich – zu verwirklichen sucht.

(Sigmund Freud: Das Unbehagen in der Kultur. Aus: S. F., Abriß der Psychoanalyse. Das Unbehagen in der Kultur. Frankfurt a. M.: Fischer Taschenbuch Verlag 1960. S. 105.)

B. Begriffsfragen

(1) Inwiefern wird die Erziehung von der Politik bestimmt?
(2) Gibt es in der gegenwärtigen Welt so etwas wie ein internationales Recht?
(3) Ist die Unterscheidung zwischen Klassik und Romantik für die Literaturwissenschaft nützlich?
(4) »Die Hauptaufgabe des Künstlers besteht darin, seine Gefühle darzustellen.« Diskutieren Sie diese Aussage.
(5) Was ist der Gegenstand der Mathematik?
(6) Kann es jemals eine Wissenschaft von der menschlichen Natur geben?
(7) In welchem Sinn, wenn überhaupt, können wir sinnvoll von dichterischer Wahrheit sprechen?
(8) Hängt der Zusammenhalt eines Staates von einer gemeinsamen Moral ab?
(9) »Wenn Gott nicht existiert, ist alles erlaubt.« Diskutieren Sie diese Aussage.
(10) Ist der Kommunismus eine Religion?
(11) Gibt es neben der wissenschaftlichen Erklärung andere Arten von Erklärung?
(12) Ließe sich ein Roboter konstruieren, der in jeder Hinsicht einem Menschen gleicht?
(13) Können Tiere denken?

(14) War England vor der Einführung des Wahlrechts für Frauen eine Demokratie?
(15) Gibt es absolute Werte? Wie könnten sie begründet werden?
(16) Werden Historiker jemals in der Lage sein, genaue Voraussagen zu machen?
(17) »Alle Menschen sind von Geburt gleich.« Diskutieren Sie diese Aussage.
(18) Können Handlungen, die Spaß machen, zugleich verdienstvoll sein?
(19) »Ich denke, darum bin ich.« Ist dies ein gutes Argument?
(20) Kann es jemals richtig sein, etwas Unmoralisches zu tun?
(21) Was ist ein totalitärer Staat?
(22) »Die Schönheit ist im Auge des Betrachters.« Diskutieren Sie diese Aussage.
(23) Haben Romane immer eine moralische Absicht?
(24) Wenn Handlungen vorhersagbar wären, könnte es dann trotzdem Handlungsfreiheit geben?
(25) In welchem Sinn, wenn überhaupt, vermag Musik etwas auszusagen?
(26) »Eigentum ist Diebstahl.« Diskutieren Sie diese Aussage.
(27) Kann die Existenz Gottes jemals bewiesen werden?
(28) »Der Kanzler war verantwortlich für die Wirtschaftskrise.« »Zu hohe Beanspruchung des Metalls war verantwortlich für das Flugzeugunglück.« Wird »verantwortlich« in beiden Sätzen im selben Sinn gebraucht?
(29) In welcher Hinsicht unterscheiden sich Naturgesetze von moralischen Gesetzen?
(30) »Es gibt kein naturalistisches Drama.« Diskutieren Sie diese Aussage.
(31) Worin besteht der Unterschied zwischen Erziehung und Indoktrination?
(32) »Deutschland ist als Nation nicht so erwachsen wie

Großbritannien.« Was könnte mit dieser Aussage gemeint sein?
(33) Wird Literatur nur wegen Obszönität zensiert?
(34) Welche Rolle spielt die Phantasie bei der Arbeit eines Historikers?
(35) Aus welchen Gründen, wenn überhaupt, sollte der Staat die Freiheit des einzelnen einschränken?
(36) Können wir ganz sicher sein, daß das, was wir sehen, keine Sinnestäuschung ist?
(37) »Nichts ist sicherer als die Wahrheit der Geometrie.« Diskutieren Sie diese Aussage.
(38) Welche logischen Schwierigkeiten behindern die Übersetzung von einer Sprache in die andere?
(39) Inwieweit gilt der Begriff der Moral auch für einen Menschen auf einer einsamen Insel?
(40) Ist es möglich, in der Dichtung zwischen Form und Inhalt zu unterscheiden?
(41) Existieren Elektronen in demselben Sinn wie Tische?
(42) »Milka bedeutet gute Schokolade.« Was heißt hier »bedeutet«?
(43) Inwieweit ist der wissenschaftliche Fortschritt von Intuition abhängig?
(44) »Latein trainiert den Geist.« Welche Begründung könnte für oder gegen diese Aussage angeführt werden?
(45) Ist eine wissenschaftliche Theorie schlüssig beweisbar?
(46) Würden Sie die Entstehungsgeschichte im 1. Buch Moses mit »Tatsache« oder »Fiktion« überschreiben?
(47) Ist es möglich, genau zwischen einer Erfindung und einer Entdeckung zu unterscheiden?
(48) »Tugend belohnt sich selbst.« Diskutieren Sie diese Aussage.
(49) »Wir können das Unbewußte niemals erkennen, denn es ist per definitionem unbewußt.« Diskutieren Sie diese Aussage.
(50) Kann man denken lernen, ohne sich mit einem besonderen Studiengebiet zu beschäftigen?

Arbeitstexte für den Unterricht

Anleitung zur Abfassung literaturwissenschaftlicher Arbeiten. (K. Rothmann) 9504 – **Arbeitslosigkeit.** (B. Arend / G. Hesse / H.-W. Prahl) 9574 [2] – **Argumente und Parolen.** Politische Propaganda im 20. Jahrhundert. (W. Günther) 9518 [2] – **Begriffsanalyse.** Eine Einführung (J. Wilson / K. Guth) 9580 [2] – **Behinderte.** (H. Bernsmeier) 9577 [2] – **Chansons.** (H. Seufert) 9527 [2] – **Comics.** (R. Greiner) 9513 [2] – **Detektivgeschichten für Kinder.** (P. Hasubek) 9556 – **Deutsche Balladen.** (W. Freund) 9571 [2] – **Deutsche Essays des 20. Jahrhunderts.** (U. Heimrath) 9559 [2] – **Deutsche Kriegsliteratur zu zwei Weltkriegen.** (W. Klose) 9581 [2] – **Deutsche Kurzgeschichten.** (W. Ulrich) 2.–3. Schuljahr. 9528 – 4.–5. Schuljahr. 9529 – 5.–6. Schuljahr. 9505 – 7.–8. Schuljahr. 9506 – 9.–10. Schuljahr. 9507 – 11.–13. Schuljahr. 9508 – **Deutsche Literatur des Mittelalters.** (R. Brandt) 9568 [2] – **Deutsche Sagen.** (L. Petzoldt) 9535 [2] – **Deutsche Sprache der Gegenwart.** (K. Hotz) 9531 [2] – **Deutsche Sprachgeschichte.** (G. Wolff) 9582 [2] – **Deutsche Sprichwörter und Redensarten.** (W. Mieder) 9550 [2] – **Deutsche Volkslieder.** Texte, Variationen, Parodien. (W. Mieder) 9560 [2] – **Erkenntnis und Sein.** (B. Wisser) – I: Epistemologie. 9547 [2] – II: Ontologie. 9548 [2] – **Ethik.** (E. R. Sandvoss) 9565 [2] – **Fabeln.** (Th. Poser) 9519 – **Fach- und Sondersprachen.** (N. Feinäugle) 9510 [2] – **Familie und Gesellschaft.** (F. Filser) 9511 – **Fiktionale und nichtfiktionale Texte desselben Autors.** (P. Schaarschmidt) 9515 – **Formen oppositioneller Literatur in Deutschland.** (B. Ogan) 9520 [2] – **Die Frau in der Gesellschaft.** (F. Filser) 9536 [2] – **Frieden – Friedensstrategien.** (P. Ackermann) 9523 – **Funktionen der Sprache.** (O. Schober) 9516 [2] – **Geschichte in Karikaturen.** Von 1848 bis zur Gegenwart. (H. Krüger / W. Krüger) 9566 [3] – **Geschichtliche Quellen.** Eine Einführung mit Arbeitsbeispielen. (K. Pellens) 9553 [2] – **Glück.** (D. Birnbacher) 9575 [2] – **Grimms Märchen – modern.** Prosa, Gedichte, Karikaturen. (W. Mieder) 9554 [2] – **Herrschaft durch Sprache.** Politische Reden. (W. Schafarschik) 9501 [2] – **Indianergeschichten.** (H. Pleticha) 9561 – **Jugend und Freizeit.** (H.-W. Prahl / A. Steinecke) 9572 [2] – **Kindergedichte.** (J. Eckhardt) 9557 –

Kriminalgeschichten. (E. Finckh) 9517 – **Kürzestgeschichten.** (H.-Ch. Graf von Nayhauss) 9569 – **Lehrzeit.** Erzählungen aus der Berufswelt. (Th. Karst) 9558 [2] – **Liebesgeschichten.** (G. Köpf) 9573 – **Literarische Wertung.** (I. Degenhardt) 9544 [2] – **Literarisches Leben in der Bundesrepublik.** (I. D. Arnold-Dielewicz / H. L. Arnold) 9509 [2] – **Literatursoziologie.** (H. Hanfland) 9514 [2] – **Lügen, lauter Lügen . . .** (R. Weller) 9562 – **Märchenanalysen.** (S. Schödel) 9532 [2] – **Metaphorischer Sprachgebrauch.** (G. Wolff) 9570 [2] – **Parabeln.** (Th. Poser) 9539 – **Parodie.** Deutsche Literatur- und Gebrauchsparodien mit ihren Vorlagen. (W. Gast) 9521 – **Phantastische Geschichten.** (W. Freund) 9555 – **Philosophie und Sprache.** (J. Schulte) 9563 [2] – **Politische Lyrik.** Deutsche Zeitgedichte des 19. und 20. Jahrhunderts. (W. Gast) 9502 – **Presse und Pressewesen.** (O. Hestermann) 9545 [2] – **Reise- und Abenteuergeschichten.** (H. Pleticha) 9537 – **Satirische Texte.** (N. Feinäugle) 9525 [2] – **Schelmen- und Gaunergeschichten.** (K. E. Maier) 9578 – **Schulgeschichten.** (K.-D. Metz) 9551 – **Spieltexte.** (A. Grömminger) 2.–4. Schuljahr. 9567 – 5.–7. Schuljahr. 9576 – **Sportgeschichten.** (K.-D. Metz) 9540 – **Sprachspiele.** (R. Weller) 9533 – **Ein Star wird gemacht.** Film / Hörspiel / Bühnenstück. Spielübungen. (W. Klose) 9526 – **Text und Leser.** (O. Schober) 9549 [2] – **Texte zur Poetik des Films.** (R. Denk) 9541 [2] – **Theorie der Kurzgeschichte.** (H.-Ch. Graf von Nayhauss) 9538 – **Theorie der Novelle.** (H. Krämer) 9524 – **Theorie des Dramas.** (U. Staehle) 9503 [2] – **Theorie des Hörspiels.** (H. Scheffner) 9546 [2] – **Theorie des Kriminalromans.** (E. Finckh) 9512 – **Theorie des Romans.** (H. U. Lindken) 9534 [2] – **Tiergeschichten.** (W. Lehnemann) 9530 – **Tourismus.** (H.-W. Prahl / A. Steinecke) 9564 [2] – **Vorurteile gegen Minderheiten.** Die Anfänge des modernen Antisemitismus am Beispiel Deutschlands. (H.-G. Oomen / H.-D. Schmid) 9543 [2] – **Das Wahrheitsgebot** oder: Muß man immer die Wahrheit sagen? (E. Martens) 9579 – **Werbetexte / Texte zur Werbung.** (I. Springmann) 9522 – **Wir erzählen Geschichten.** (W. Klose) 9552 – **Witz.** (H. Lixfeld) 9542

Philipp Reclam jun. Stuttgart

Geschichte der Philosophie
in Text und Darstellung

Band 1: *Antike.* Hrsg. von Wolfgang Wieland. 9911 [5]

Band 2: *Mittelalter.* Hrsg. von Kurt Flasch. 9912 [6]

Band 3: *Renaissance und frühe Neuzeit.* Hrsg. von Stephan Otto. In Vorb. für 1983

Band 4: *Empirismus.* Hrsg. von Günter Gawlick. 9914 [5]

Band 5: *Rationalismus.* Hrsg. von Rainer Specht. 9915 [5]

Band 6: *Deutscher Idealismus.* Hrsg. von Rüdiger Bubner. 9916 [5]

Band 7: *19. Jahrhundert.* Positivismus, Historismus, Hermeneutik. Hrsg. von Manfred Riedel. 9917 [5]

Band 8: *20. Jahrhundert.* Hrsg. von Reiner Wiehl. 9918 [6]

»Diese Unternehmung besticht durch einen gescheiten Ausweg aus dem Dilemma, in das uns die Einsicht führt, daß es einen unparteiischen Standpunkt vielleicht nur für den lieben Gott gibt. Sie verfügt über eine Konzeption, die die je verschiedene Eigenart der geistigen Standpunkte und Perspektiven schon durch die Kombination der literarischen Gattungen herausstellt. Die Brauchbarkeit für das philosophische Bildungswesen wird dadurch sehr gefördert. Besonders für die neu gestaltete Oberstufe des Gymnasiums, in der dem Fach Philosophie eine besondere Bedeutung zukommt, scheint die Mischung von Text und Darstellung geeignet.
Der Philosophieunterricht, der sich dieses Angebot zunutze macht, stellt die geistespolitischen Kategorien bereit, die für das Verständnis der westlichen Staatstheorien im Fach Gemeinschaftskunde erforderlich sind.« *Eckhard Nordhofen, F. A. Z.*